P. J. Willatzen

Gedichte

Auswahl des Verfassers

P. J. Willatzen

Gedichte
Auswahl des Verfassers

ISBN/EAN: 9783743652514

Hergestellt in Europa, USA, Kanada, Australien, Japan

Cover: Foto ©Thomas Meinert / pixelio.de

Weitere Bücher finden Sie auf **www.hansebooks.com**

Gedichte

von

P. J. Willatzen.

(Auswahl des Verfassers).

Bremen.
Verlag von Karl Tannen.
1872.

Gedichte

von

C. J. Willatzen.

(Auswahl des Verfassers).

Bremen.
Verlag von Karl Tannen.
1872.

Inhalt.

Wilde Rosen.

Tage der Sonne.

Blumen am Wege.

Romanzen.

Bunte Blätter.

Aus der Fremde.

— IX —

Zeitklänge.

Zueignung.

Prüfend griff ich in der Harfe
Goldne Saiten frühe schon,
Und zu seligem Bedarfe
Ward mir bald des Liedes Ton.
Und was je in schicksalsvollen Stunden,
Die zu schnell mit Freud' und Leid entschwunden,
Süßes ich und Schmerzliches empfunden,
Was mit stolzem Schwanenflug
Mich empor zu Sternen trug,
Mich, wenn Unglück wetterte,
Jäh zu Boden schmetterte —
Was das Herz mir tief durchdrang:
Es erklang
In melodischem Gesang.

Meine Lieder, mit den Winden
Fliegt nun klingend in das Land,
Möget ihr die Welt auch finden
Noch so feindlich abgewandt.
Aber bleibt dem wüsten Lärm der Gassen,
Bleibet fern den wild erregten Massen,
Ewig seid ihr fremd dort und verlassen!
Sucht ein freundliches Gemüth,
Wo ein heilig Feuer glüht,
Wo ihr tönend Wallenden
In der wiederhallenden
Weltverlornen Einsamkeit,
Fromm geweiht,
Theilt verwandtes Glück und Leid.

Fern vom wirren Marktgedränge,

Das wie Meeresbrandung rauscht,

Gebt den Lüften eure Klänge!

Glaubt nur, manche Seele lauscht!

Glaubet nur, es geht kein Ton verloren;

Denn wie ihr zum Leben seid geboren,

Sollt ihr schweben auch im Tanz der Horen.

Keimt nicht neu das Samenkorn?

Treibet Rosen nicht der Dorn?

Wär't im Unermessenen

Ihr nur die Vergessenen?

Lieder, ihr mein trauter Hort,

Zieht nur fort,

Alles findet seinen Ort.

Und ich habe schon gefunden
Eine Heimath euch, ein Herz:
Jene, die sich mir verbunden
Für der Erde Lust und Schmerz.
Wie der Vogel, den, vom Sturm zerschlagen,
Die gebrochnen Schwingen nicht mehr tragen,
Wollt' ich einst vergeh'n in Gram und Klagen —
Da kam sie! Zum Heil sie kam!
Ihr, die alle Trauer nahm,
Ihr, der huldreich Rettenden,
Mich mit Blumen Kettenden,
Die mein Leben sonnig macht,
Dargebracht,
Klingt nun, Lieder, Tag und Nacht!

Lieder.

Blüthen des Lenzes.

Frühlingsregen.

Leise rieselt Regenstaub
Auf der Zweige junges Laub.
Perl' an Perl' in jedem Kelche,
Jedes Blättchen trägt etwelche!

Alles voller Saft und Kraft
Keimt und knospet, wirkt und schafft.
Sproß nun freudig im Gemüthe
Mir auch, holde Liebesblüthe!

Liebesblüthe, ach, es quillt
Auch auf dich hernieder mild:
Wie ein sanfter Frühlingsregen
Kommt der Liebe stiller Segen.

Hörst du's hoch in Lüften ziehn?

Hörst du's hoch in Lüften zieh'n?
Hörst du's rauschen dir zu Füßen?
Das sind Frühlingsmelodien,
Liebes Mädchen, die dich grüßen.

Jubelhymnen schmettern hell
Sangesfrohe Lerchenkehlen;
Rieselnd eilt zu Thal der Quell,
Sich der Quelle zu vermählen.

Maienglanz! Waldlilienduft!
Hier erglüht die erste Rose!
Alles, Mädchen, Alles ruft:
„Weil du jung bist, lieb und kose!"

Der Frühling ist da!

Der Frühling ist da! Der Frühling ist da!
Was willst du, mein Herz, noch fodern?
Der Wald singt Lieder fern und nah
Und die Blumenfackeln lodern.

Die Luft wie blau und wie grün die Höh'n,
Und wie rauschen die Bächlein zu Thale!
Für dich, mein Herz, ist die Welt so schön,
Drum koste die Freudenschale.

Trink' Jugend und Muth in hastigem Zug
Und sage, wer herrlicher zechte!
Durchschwärm' in fröhlichem Wanderflug
Holdselige Tage und Nächte!

Lenzfahrt.

Gesang auf den Lippen, am Hütlein den Strauß,
Im Herzen lenzwonniges Minnen,
In die Welt hinein aus dem dumpfigen Haus —
Frau Sorge, sie bleibe hübsch drinnen.

Sie berge daheim nur ihr grämlich Gesicht,
Ich danke für ihr Geleite,
Sonst blühn ja vor Schrecken die Blumen nicht,
Der Vogel verstummt, wo ich schreite.

Du aber, o Freude, du liebliches Kind
Mit den lustig flatternden Haaren:
Der Frühling ist da, so komm nun geschwind,
Mit mir die Welt zu durchfahren!

Die Lüfte wehen leis und lind.

Die Lüfte wehen leis und lind,
Sie weh'n zu dir, du holdes Kind,
Sie bringen dir der Sehnsucht Gruß,
Sie hauchen dir der Liebe Kuß.

Sie säuseln das Gebet dir zu,
Mit dem ich gestern ging zur Ruh,
Das meine Seele flehend sprach,
Als heut' erschien der junge Tag.

Du ahnst, wovon das Herz mir schwoll:
Ich dachte deiner liebevoll,
Ich betete für dich, für dich —
Hast du auch ein Gebet für mich?

Zwei Sterne.

Zwei Sterne, klare, süße,
Die meinen Gruß erwiedern,
Die sind's, die ich mit Liedern,
Mit seligen Liedern grüße.

Sie sollen mich geleiten
Mit ihrem lichten Strahle
Im dunkeln Erdenthale,
Durch all des Lebens Weiten.

Einst leuchten ihre Flammen
Mir auf dem letzten Pfade;
Dann führt auch uns die Gnade
Des Gottes der Liebe zusammen.

————— ··

Liebesnacht.

Gehüllt in duft'ge Mondlichtschleier,
Wie ein Geheimniß liegt die Welt:
Es wandeln zum umschilften Weiher
Die Rehe durch's bethaute Feld.

Verstummt ist schon der Nachtigallen
Einsam verklingend Liebeslied. —
O folge durch der Wälder Hallen,
Geliebte, mir zum Kahn im Ried.

Dort bei verschwiegnen Wasserrosen,
Auf goldner Well' im Mondenschein,
Kann unbelauscht die Liebe kosen
Und weltvergessen selig sein.

Verrath.

Die Rosen, deine Schwestern,
Geliebte, haben's erlauscht,
Was wir im Garten gestern
Geflüstert, liebberauscht.

Und sie mit ihren Düften
Verriethen's der Nachtigall,
Das wogte rings in den Lüften
So heimlich überall!

Die singet es heute dem Sterne
Und singt es dem plaudernden Quell,
Ich glaube, sie säng' es gerne
Noch einmal so laut und hell.

Wie bliebe da wohl verborgen,
Was Liebe der Liebe vertraut?
Auf Gassen und Markt ist schon morgen
Das süße Geheimniß laut.

Lenzgruß.

Frühlingslieder, fliegt zu Thal
In dem Hauch des Märzen!
Grüßet mir viel tausend Mal
Frische, frohe Herzen!

Herzen, die noch in der Brust
Jugendselig schlagen
Und der süßen Lebenslust
Nicht Valet schon sagen.

Lerchenjubel, Sonnengold —
Kann's wohl Schön'res geben?
Ach, das Leben ist uns hold,
Hold sind wir dem Leben!

Die Rosen stehn in voller Pracht.

Die Rosen stehn in voller Pracht,
    Entfaltet über Nacht;
Doch du wirst sehn, ach, du wirst sehn,
Wie sie auch über Nacht vergehn.

Und blühst du hold und anmuthreich,
    Der schönsten Rose gleich —
Das Leben flicht, eh du's gedacht,
Und welkt wie Rosen über Nacht.

Drum koste, weil der Tag noch dein,
    Der Liebe Sonnenschein.
Die Rosen stehn in voller Pracht,
Und glücklich ist, wer glücklich macht.

Es röthen sich die Wogen.

Es röthen sich die Wogen
In abendlicher Gluth,
Ein Schwan kommt still gezogen
Durch helle Purpurfluth.

So soll in späten Zeiten
Dein Bildniß, lieb und hold,
Durch meine Seele gleiten,
Verklärt von Abendgold.

In süßes Deingedenken
Will dann beseligt ich
Mein ganzes Sein versenken
Und liebend segnen dich.

Abschied.

Lebe wohl,
Dunkler Wald und grünes Thal!
Lieber goldner Sonnenstrahl,
Lebe wohl!

Lebet wohl,
Blümchen, die so hold geblüht!
Sänger, die ihr eilt gen Süd,
Lebet wohl!

Lebe wohl,
Süßverträumtes Frühlingsglück!
Nimmermehr kehrst du zurück,
Lebe wohl!

————— — -

Vorüber!

Du warst in meinem Leben
Das goldne Sonnenlicht,
Das zwischen Gitterstäben
In einen Kerker bricht;

Das dem Gefangnen Kunde
Vom holden Lenze bringt,
Wie es im Waldesgrunde
So freudig rauscht und singt;

Wie draußen Lüfte scherzen,
Wie hoch der Vogel fliegt
Und sich das Herz zum Herzen
Wie Blüth' an Blüthe schmiegt.

Vorüber, ach, vorüber!
Kein Strahl mehr, der mir lacht!
Einsam steh' ich in trüber,
Freudloser Kerkernacht!

Bestattung.

In dieser Stille lausch' ich bang
Zu meines Herzens Tiefe nieder,
Drin tönt's wie leiser Glockenklang
Und sanft verhallen Sterbelieder.

O schlafe wohl, du schönes Bild,
Das ich so treu geheget habe!
Es läutet meine Liebe mild
Jetzt unter Thränen dich zu Grabe.

————

Klage, mein Lied!

Das war die schöne Frühlingszeit!
　　Klage, mein Lied, o klage!
Die Rosen verblühten, die Schwalben sind weit,
　　In Traurigkeit
Vergehen jetzunder die Tage.

Das war der Liebe wonniger Traum!
　　Klage, mein Lied, o klage!
Der Traum ist zerronnen, war eitel Schaum,
　　Und lebet kaum
Im Herzen fort noch als Sage.

Allemal, allemal, wenn ich denke zurück,
　　Möcht' ich vor Schmerz vergehen!
Des Frühlings Lust und der Liebe Glück —
　　Ein Sonnenblick,
Und es war darum geschehen.

Wilde Rosen.

Träumender See.

Dein Herz ist noch ein träumender See,
Umhegt mit der Kindheit Frieden,
Von höchster Lust, von tiefstem Weh,
Von jeglichem Sturme gemieden.

Noch zieht keine Wolke darüber hin,
Kein Hauch, die Fluthen zu wiegeln,
Den klarsten Himmel seh' ich darin
Sich wunderselig spiegeln.

Doch bald, bald braus't ein Frühlingswind,
Der kommt mit heimlichem Kosen,
Dann erwacht der träumende See geschwind
Und es regnet, es regnet Rosen.

Und was es ist, das den Frieden bedroht
Und die Fluth bestreut mit Blüthen?
O des seligsten Kampfs! O der süßesten Noth!
Wer kann vor der Liebe sich hüten?

Huldigung.

Dem Licht blühst du entgegen,
Du bist dem Glück geweiht,
Dir wandelt sich in Segen;
Was Andern brächte Leid.

Die Welt liegt dir zu Füßen,
Du bist ja gut und schön;
Verwandte Engel grüßen
Dich mild aus Himmelshöh'n.

Die Zeit entflieht auf Schwingen,
Doch ist dein Haupt einst weiß,
Soll dich noch leis umklingen
Dies Lied zu deinem Preis.

————

Das Thal, wo wir uns fanden.

Das Thal, wo wir uns fanden,
Lag von der lauten Welt so weit,
So weit abseit;
Verschwiegne Veilchen standen
In Waldeseinsamkeit,
Es schlug der Fink im Baume,
Im Blüthenbusch die Nachtigall,
Und leise wie im Traume
Rauschte der Wasserfall . . . . .

Ich zog Welt auf und nieder,
Ich wanderte seitdem so weit
Voll Sorg' und Leid —
Das Thal seh' ich nicht wieder
In aller Ewigkeit.
Nur Nachts auf leichten Sandeln,
Nur noch ein seltnes, seltnes Mal
Darf meine Seele wandeln
Durch das geliebte Thal.

Der gefangene Sänger.

Ein arm, gefangen Vögelein
　　Sitz' ich in meinem Bauer;
Der Lenz durchwandelt Flur und Hain,
Es lockt der goldne Sonnenschein,
　　Die Luft wird blau und blauer,
　　　　Doch Trauer
　　Nur kennt das Herze mein.

Ach, dürft' ich nur ein einzig Mal
　　Noch regen frei die Schwingen!
Ihr Waldeshöh'n, du Quellenthal,
Wie hell, wie hell im Maienstrahl
　　Wollt' ich mein Lied euch singen!
　　　　Zerspringen
　　Muß nun mein Herz vor Qual.

Ist Keiner, der befrei'n mich kann
　　Auf einer Stunde Dauer?
Aus dieses Kerkers engem Bann,
Wie gern schwäng' ich mich himmelan,
　　Vergäß' im Frühlingsschauer
　　　　Der Trauer
　　Und stürbe selig dann!

Elisabeth.

An deinen Lippen laß mich hangen,
An deinem Herzen laß mich ruhn,
In Kuß und seligem Umfangen
Die ganze Welt vergessen nun!

Erst jetzt erkenn' ich zur Genüge
Und seh' es klar und offenbar,
Wie all mein Glück seither nur Lüge,
Weil du mir fehltest, Lüge war.

Dies dunkle Auge, wie es flammet!
Wie schwarz das Haar die Stirn umschmiegt!
Der süße Mund, der Wangen Sammet,
Den's oftmals purpurn überfliegt!

Wie elfenhaft die schlanken Glieder!
Die blühende Jungfrau steht vor mir;
Doch lachst und plauderst du dann wieder,
Hör' ich ein fröhlich Kind in dir.

So hältst du räthselhaft gefangen
Mein wildes Herz und jeden Sinn,
Und weckst ein stürmisches Verlangen,
Unsagbar holde Zauberin.

An deinen Lippen laß mich hangen,
An deinem Herzen laß mich ruhn,
In Kuß und seligem Umfangen
Die ganze Welt vergessen nun!

Dereinst.

Dein Auge glänzt, die Wangen glühn,
Dein junger Busen hebt sich kühn,
Und Alles an dir lebt und lacht,
Doch kennst du nicht und hast nicht Acht
    Der Schönheit Zaubermacht.

Dein süßes Bild, so halt' ich's fest!
Und wenn dereinst mich auch verläßt
Des Lebens Lust mit seinem Mai,
Dann, daß ich neubeseligt sei,
    Schweb' es mir so vorbei.

Dann steh' ich plötzlich wieder jung
Im Garten der Erinnerung,
Es regnet Blüthen jeder Baum,
Und durch der Seele stillen Raum
    Zieht leis ihr schönster Traum.

Klage.

Wer ein holdes Glück besessen
Und darum getrauert je,
Der nur ahnt, wie unermessen
Meiner Seele tiefes Weh.

Baden laßt sie und sich tauchen
In der Sehnsucht Wellengang,
Laßt in's Abendroth sie hauchen
Ihren klagenden Gesang:

„Tage gehn und Tage kommen,
Keiner bringt mir dich zurück,
Die mit sich hinweggenommen
Meines Lebens Glanz und Glück!"

Ein liebend Herz.

Wie oft hab' ich dir Ruh geboten
In diesen Tagen herber Pein:
Du sollst, mein Herz, gleich wie die Todten,
Sollst ohne Wunsch und Hoffen sein.

Das Leben hat dir nie geblühet,
Hat jeden Traum dir schnell verweht;
Kam dir ein Wunsch — er war verfrühet,
Wenn du gehofft — es war zu spät.

Doch spür' ich noch dein heimlich Wogen,
Noch strebst du hohem Ziele zu;
Wie oft getäuscht, wie oft betrogen:
Ein liebend Herz kennt keine Ruh.

Sieh mich nicht an so liebevoll.

Sieh mich nicht an so liebevoll,
Erloschne Gluthen zu entfachen;
Es schlummern in mir Lieb' und Groll —
Sieh mich nicht an, daß sie erwachen.

Nun ist mein Herz in Schlaf gelullt;
Zufrieden, wenn es ruhig bliebe,
Will ich vergessen deiner Schuld,
Will ich entsagen deiner Liebe.

Drum wende von mir ab den Blick,
Zeigt doch sein blitzend Lichtgefunkel
Nur, wie so herbe mein Geschick
Und meine Nacht, wie sie so dunkel.

———————

Schlaf ein!

Schlaf' ein, mein Herz, schlaf' endlich ein,
Laß dich in Schlummer singen!
Ein Lied aus alter Zeit allein
Mag dir noch Ruhe bringen.

Dies Lied, das einst die Mutter sang,
Hallt wieder heimlicherweise
Mit ihrer lieben Stimme Klang
Mir durch die Seele leise:

„Ach, Well' und Wind verrauscht, mein Kind,
Die Sterne, sie verblassen;
Wenn treulos dir einst Menschen sind,
Gott wird dich nicht verlassen!"

Das Glockenblümchen.

Hier auf abgeheimster Flur
Grüßt gleich einem Waisenkinde
Mich ein Glockenblümchen nur,
Leis gewiegt vom Abendwinde.

Wo ist nun die Rose hin,
Die mit Duft mich einst berauschte?
Wo die kleine Sängerin,
Der ich selig hier einst lauschte?

Läute, frommes Glöckchen du,
Das zurückblieb unterdessen,
Läute mir das Herz zur Ruh,
Daß ich Alles mag vergessen.

Es dunkelt.

Durch Nebelflor, im Blätterfall
Schreit' ich auf öden Steigen,
Nur meiner Tritte Wiederhall
Belebt das todte Schweigen.

Kein Lied ertönt, kein Laut ringsum
Von allen Lenzaccorden,
Und so ist mir das Herz auch stumm
Und herbstlich trüb geworden.

Erloschen ist der goldne Schein,
Der dort so hell gefunkelt;
Der graue Nebel bricht herein —
Geh' schlafen, Herz, es dunkelt.

Die Möve.

Am öden Dünenstrande
Wohl über dem rauschenden Meer,
Fliegt eine weiße Möve
Einsam und klagend umher.

Das ist eine arme Seele,
Die rastlos in irrender Flucht
Das Meer und Himmel und Erde
Nach einer Seele durchsucht.

Ich höre die klagenden Rufe,
Starrend auf's dunkle Meer —
Ach, Möve, weiße Möve,
Mein Herz gleicht dir so sehr!

————

Ohne Ziel und Stern.

Ich bin kein Knabe mehr und kann nicht winseln,
Wenn Lieb' und Freundschaft brechen ihren Schwur.
Mit stillem Gram seh ich des Glückes Inseln
In's Grab der Fluthen sinken ohne Spur.

Scharf weht der Wind und kalt. — Was soll ich klagen?
Wem soll ich klagen mein unsagbar Weh?
Weit über mir die dunkeln Wolken jagen,
Die Möve hält sich fern, hoch geht die See.

Und ohne Ziel und Stern irr' ich im Meere
Des Lebens um, ein düsterer Pilot,
Und was ich von dem Schicksal noch begehre,
Ist ein Geringes nur — es ist der Tod.

————

„Die Lieder, die du gesungen."

„Die Lieder, die du gesungen
Hinein in den blühenden Wald,
Allesammt sind sie verklungen,
Allesammt sind sie verhallt."

„Der Wind geht in den Bäumen
Und schweift über Berg und Thal —
Wer lauschte deinen Träumen,
Deiner Lust und deiner Qual?"

— Laß rauschen den Wind, laß rauschen
Den blühenden Wald dazu —
Und mochte mir Niemand lauschen,
Ich sang mein Herz in Ruh'.

Als ich erlag dem Kummer.

Als ich erlag dem Kummer
Und Nichts mir Trost verhieß,
Als mich der milde Schlummer,
Der letzte Freund, verließ,
Als ich zu finstern Plänen
Verzweifelnd Zuflucht nahm,
Wer war's, die, meine Thränen
Wegküssend, zu mir kam?

Sie sah mich recht so sinnig
Mit Schwesteraugen an;
Sie sprach, wie es so innig
Nur die Geliebte kann;
Segnende Hände legte
Sie auf das Haupt mir, wie
Die Mutter einst es pflegte:
Es war — die Poesie.

——————— -

Tage der Sonne.

Wunder.

Dein höchstes Wunder, o Natur,
Das ist, wie im Geheimen,
So ungeahnt, der Herzensflur
Die Liebe mag entkeimen.

Von holden Lippen leis ein Hauch,
Da muß das Eis zerthauen;
Ein Sonnenblick von schönem Aug',
Und Lenz ist auf den Auen.

Urplötzlich ist die Lieb' erwacht
Und grüßt und winkt verstohlen,
So wie im Gras wohl über Nacht
Ersprießen Märzviolen.

Wie's mich so schnell auch überkam,
O, daß ich's nur beschriebe!
Mein Herz, noch gestern todt vor Gram
Ist heut' erblüht in Liebe.

———————

Dithyrambe.

Dich singet mein Lied,
Süße, allmächtige Liebe!
Dich singet mein Lied,
Die du lächelst
Mild wie Maiensonne,
Die du strahlest,
Daß vor dir erblassen
Die goldenen Welten,
Welche beglückend wallen
Im unermeßlichen All!
Dich singet mein Lied,
Die du segnest,
Wie nichts Andres,
Das Raum hat
Vom Aufgang bis zum Niedergang!
Dich singet mein Lied,
Vor der sich neigen
Die seligsten Götter,
Willig das Knie beugend,
Wo auch sie leuchtenden Blicks dir begegnen,
Sei's in Gärten der Vollendung,

Sei's, wo sie Tröstung spendend
Einkehren im Thale der Mängel —
Dich singet mein Lied,
Süße, allmächtige Liebe!

Du schwingst die Fackel,
An der das Morgenroth
Aufknospender Herzen entlodert;
Von Pol zu Pol,
Von Stern zu Stern,
Vou Himmel zu Himmel
Entführest du
Auf Flügeln der Phantasie
Deine Auserkohrenen.
Du wandelst das ärmste Blümchen
Zum unschätzbaren Kleinod;
Das kleinste Wort,
Das du rosiger Lippe entlockst:
Musik der Sphären wird es,
Wonnegesang lauschendem Ohr,
Daß Himmel und Erde
Die schwelgende Seele darüber vergißt.

Wem du Balsam träufst
In klaffende Wunde,
Die niedre Bosheit geschlagen,
Der fühlt sich genesen;
Wen du beschenkst,
Dem gehört die Welt;

Wen du erhöhst,
Der ist Gott, wie du!

Darum sei gebenedeit,
Sei gepriesen
Mit der glühenden Inbrunst
Einer liebenden Seele,
Süße, allmächtige Liebe!

Gedulde dich!

Gedulde dich ein Weilchen,
Dann glüht die Ros' im Maienstrahl,
O sieh, im Schmuck der Veilchen
Steht schon das Thal!

Gedulde dich, du wildes,
Du ungestümes Menschenherz!
Wie Blumen des Gefildes
Blick himmelwärts.

Gedulde dich wie diese.
Der Regen giebt und Sonnenschein,
Der blühn läßt Wald und Wiese,
Der denkt auch dein.

Dem Lenze zum Willkomm.

Fort, Winter, trüber Alter,
Mit Litanei und Psalter,
Wir haben genug des langweil'gen Sermons!
Schon naht der Lenz im Sprunge,
Ein allerliebster Junge;
Der grüßt unwiderstehlich
Mit Liedern wonneselig
Bezaubernd melodischen Tons.

Schön Mägdlein lauscht am Erker:
Das Herzchen pocht ihr stärker;
Wie wallet dem Knaben das Blut nun so heiß!
Alt Mütterchen, das zage,
Denkt ferner schöner Tage
Und Jugendträume wieder
Träumt bei dem Klang der Lieder
Mit Thränen im Auge der Greis.

Du Frühling, Freudenbote,
Streust Rosen, weiß und rothe,
Du wandelst die Hütte zum Märchenpalast.
O prächtiger Geselle,
Ruh' aus auf unsrer Schwelle!
Ein Bursch mit deinen Sitten
Ist allwärts wohlgelitten,
Willkommen, holdseliger Gast!

Frühlingsstimmen.

Wenn auf des Lenzes Siegesbahnen
Die Lerche ihr Triumphlied singt,
Wenn jeder Wald die grünen Fahnen
Der neuerwachten Hoffnung schwingt:
Dann hörst du einen Ruf erklingen,
Bei dem dich Ahnung süß durchbebt,
Ach, und der Seele wachsen Schwingen,
Daß sie durch alle Himmel schwebt.

Es ist die Stimme, deren Locken
Die Blumen flüsternd weckt im Feld,
Sie klingt wie Auferstehungsglocken,
Sie ruft aus Gräbern eine Welt;
Die Fesseln und die Bande springen,
Wenn sie ihr Zauberwort erhebt,
Und auch der Seele wachsen Schwingen,
Daß sie durch alle Himmel schwebt.

Es ist der ew'ge Klang der Liebe,
Der durch die weite Schöpfung wallt,
Der, sanften Tons, doch das Getriebe
Des lauten Tages überschallt:
Es ist der ew'gen Jugend Ringen,
Die kühn nach Licht und Wahrheit strebt
Ach, und der Seele wachsen Schwingen,
Daß sie durch alle Himmel schwebt.

O hallt empor, ihr Wunderklänge!
O wallt empor, wie Opferduft!
Das sind nicht irdische Gesänge,
Ein Chor von Engelsstimmen ruft!
Ach, sollt' auch mir das Lied gelingen,
Das mir im tiefsten Innern lebt? —
Auch meiner Seele wachsen Schwingen,
Daß sie durch alle Himmel schwebt!

Im Wetter.

Vor schnaubenden Stürmen
Die Wolken sich thürmen,
Es rauschen und toben
Die Ströme von oben,
Im Walde die Wipfel der Eichen
Erliegen des Wetters gewaltigen Streichen.

Doch froh kann ich lauschen
Dem Toben und Rauschen,
Und jubeln und lachen
In's Schmettern und Krachen,
Denn, hoch über'm Erdengetriebe,
Mein seliges Herz ist im Himmel der Liebe!

Preis der Liebe.

Auch des Sanges größter Meister,
Was er Liebliches erdacht:
Selbst im schönsten Liede preis't er
Würdig nicht der Liebe Macht.

Und wenn auch zusammenklänge
Im alleinen Wonneklang,
Was im Chor der Wettgesänge
Dichtermund zum Preis ihr sang:

Nimmer wird es hier gelingen
In des Staubes Region —
Ach, der Liebe Wunder singen
Engel nur vor Gottes Thron.

Mondnacht.

Nun schläft die müde Welle
Am fernen stillen Inselstrand,
In Blüthenduft und Mondeshelle
    Schläft nun das Land.

Und wie in Liebesträumen
Ein Menschenherz beseligt ruht,
So ruht Gewölk in lichten Räumen
    Hoch ob der Fluth.

O Herz, das einst so dunkel,
Das einst aufschrie in Schmerzen schrill,
Jetzt gleichst du dieser Nacht Gefunkel,
    Wie sie so still.

Die finstern Schatten sanken
Und jeder Sturm, beschwichtigt, schwieg,
Und nur der Liebe magst du danken
    Für diesen Sieg.

Sie glättete die Wogen,
Sie gab dir Ruhe, niegewohnt,
Dir leuchtend, wie am Himmelsbogen
    Der stille Mond.

Das Röslein.

Bescheidne Blümchen sind es nur,
Die meine Pfade schmücken;
 Auf deiner Spur
 In Feld und Flur
Magst du wohl schön're pflücken;
Doch lass' ich gern sie alle dir,
 Erblüht doch mir
 Der Blumen Zier,
Der Liebe holdes Röslein.

Das blüht so roth, so morgenroth
In seiner stillen Weise,
 Ob Sturmesnoth
 Es auch umdroht,
Haucht süße Düfte leise.
Wie hätt' ich andrer Blumen Acht
 Mit ihrer Pracht?
 Glückselig macht
Der Liebe holdes Röslein.

Das will ich hegen treu und fein
In gut' und böser Stunde,
   Das nur soll mein
   Geleite sein
In weiter Erdenrunde.
Sei mir gegrüßt, das mein ich weiß!
   Blüh, holdes Reis,
   Zu Gottes Preis,
Der Liebe holdes Röslein!

Selige Gefangenschaft.

Schön ist die Freiheit! Doch wieder und wieder
Hallt es durch meine aufjauchzenden Lieder,
Preisend als Höchstes die selige Haft,
Welche den Himmel auf Erden mir schafft.

Reizende Fesseln sind's, welche mich halten,
Arme der Liebe mit Zaubergewalten;
Nimm mich gefangen nur, herrliches Weib,
Dein ist die Seele, wie dein ist der Leib.

Reich bin ich, seit ich dir Alles gegeben,
Seit du mich fesselst, erschließt sich das Leben.
Schön ist die Freiheit, die goldne — allein
Seligkeit ist's, dein Gefangner zu sein!

Ich kenn' ein Haus.

Ich kenn' ein Haus — es ist nur klein
Und hat kaum Platz für Gäste,
Doch schließt es mehr des Glückes ein
Als Schlösser stolz von Marmelstein,
Als goldene Paläste.

Ich kenn' ein Weib so engelrein,
Das waltet drin auf's Beste;
Ihr Arm wiegt sanft ein Kindchen klein,
Ihr Auge giebt den Sonnenschein,
Ihr Herz schafft sel'ge Feste.

O singt's der Welt, ihr Vögelein,
Haucht's lind, ihr lauen Weste:
Dies Haus, dies Weib, dies Kind ist mein,
Kein Menschenherz kann froher sein,
Als ich im trauten Neste.

Frühlingswonne.

Sonst, wenn sich schmückten Feld und Hain
Mit ihrer schönsten Blüthe,
Die Vögel jubelnd fielen ein
Und Alles glüht' und sprühte,
War's Nacht mir im Gemüthe —
  Ich stand allein, allein.

Nun, Lenz, sollst du willkommen sein
Mit deinem Blüh'n und Sprießen,
Ein Weib, ein holdes Weib ist mein —
O seliges Genießen,
Wenn Herzen sich erschließen
  Der Liebe Sonnenschein.

O hör's, du spielender, kühlender Wind,
Hört's, Vöglein, die da fliegen,
Hört, welch ein glückliches Paar wir sind
Und plaudert's unverschwiegen:
Es lacht uns in der Wiegen
  Ein wunderlieblich Kind.

Welch sonnig Glüh'n, welch wonnig Sprüh'n!
Die Welt trägt Festgeschmeide,
Das kargste Feld steht üppig grün,
Es blüht die ärmste Haide —
Wo bliebe Raum dem Leide,
  Wenn Lenz und Liebe blüh'n?

Leise rauscht des Lebens Welle.

Leise rauscht des Lebens Welle
An der Kindheit Blumenstrand,
Blühend liegt in Sonnenhelle
Das geliebte Wunderland.

Keiner Sehnsucht dunkle Flammen
Stören da des Friedens Glück,
Alle Wünsche flicht zusammen
Da zum Kranz der Augenblick.

Land der Kindheit, mir so ferne,
Tauch' empor am Himmelssaum,
Nahe mir im Licht der Sterne,
Steig' herauf im stillen Traum!

———

Land der Kindheit.

Land der Kindheit, Paradies,
Heiß ersehnt in bangen Stunden
Seit ich trauernd dich verließ,
Wieder bist du mir gefunden.

Aber nicht am Himmelsjaum
Tauchst du auf, in Nebelferne,
Steigst mir nicht herauf im Traum
Bei dem Dämmerlicht der Sterne:

Meinen Kindern schau ich nur
In die Aeuglein, in die klaren,
Und der eignen Kindheit Flur
Seh' ich hold sich offenbaren;

Meiner eignen Kindheit Land
Seh ich da in Sonnenhelle,
Und es rauscht am Blumenstrand
So wie einst des Lebens Welle.

Unter den grünen Zweigen.

Das kleinste Vöglein hat sein Nest,
Das ihm gehört zu eigen,
Darin manch stilles, trautes Fest
Sich wunderselig feiern läßt
Wohl unter den grünen Zweigen.

Doch nimmer mag's dort bau'n allein
Und all sein Glück verschweigen,
Es sucht Wald aus und sucht Wald ein,
Bis es die holde Genossin sein
Fand unter den grünen Zweigen.

Dann tönt beim Abend- und Morgenglühn
Der Lieder heller Reigen,
Dann schlagen die Herzen so froh, so kühn
Und die schönsten Rosen der Liebe blühn
Dann unter den grünen Zweigen.

Wer ist glücklich hier zu preisen?

Wer ist glücklich hier zu preisen?
Ist's der Krösus? Fürst? Der Held?
Brüder, stimmt in meine Weisen
Und verkündet es der Welt:
Dreimal glücklich ist der Mann,
Der ein holdes Weib gewann.

Gold ist rund und möchte flüchten,
Ehr' ist kalt und Macht zerstiebt,
Wohl drum Jedem, der in Züchten
Liebt und wieder wird geliebt.
Dreimal glücklich ist der Mann,
Der ein herzig Weib gewann.

Denn zu Licht wird jeder Schatten,
Wonne blüht aus jeder Qual,
Wenn ihr Sonnenblick dem Gatten
Folgt durch's dunkle Erdenthal.
Dreimal glücklich ist der Mann,
Der ein treues Weib gewann.

Schwankt an Gott und Welt der Glaube,
Krümmt das Herz im Staube sich,
Welche andre Friedenstaube
Hätte dann noch Trost für dich?
Dreimal glücklich bist du, Mann,
Der ein frommes Weib gewann.

Ja, sie trägt der Gottheit Stempel,
Sie übt seligen Beruf,
Sie, die lächelnd dir zum Tempel
Deines Hauses Räume schuf.
Dreimal glücklich bist du, Mann,
Der ein edles Weib gewann.

Daß mein Lied dich würdig priese,
Weib, das treu sich mir gesellt,
Das die Welt zum Paradiese
Und das Haus mir macht zur Welt!
Dreimal glücklich ist der Mann,
Der ein solches Weib gewann!

Blumen am Wege.

Sehnsucht in die Ferne.

Welch ein süßgeheimes Locken!
Welch ein ahnungsvoller Drang!
Tönt es nicht wie ferne Glocken?
Nicht wie grüßender Gesang?
Grün sind wieder Thal und Hügel,
Lieder schallen durch den Hain —
Ach, die Sehnsucht giebt mir Flügel,
Laßt mich ziehn Welt aus und ein!

In der Waldschlucht laßt mich träumen,
Leis umspielt vom Morgenwind,
Wo versteckt von grünen Bäumen
Ein verborgnes Brünnlein rinnt;
Laßt mich hin, wo Aehren nicken
In der Mittagsonne Brand,
Um Cyanen mir zu pflücken,
Wie ich einst zum Kranz sie wand.

Mit den Quellen laßt mich eilen
Durch das abendstille Land,
Sinnend in der Mondnacht weilen
Einsam an des Meeres Strand:
Ach, wie süß, wie süß, zu lauschen
Bei der Sterne Dämmerlicht
Dem geheimnißvollen Rauschen,
Wenn das Meer mit ihnen spricht!

Laßt mich in die Weite schweifen,
Laßt mich in die Ferne hin!
Recht in's volle Leben greifen,
Dünkt mich seliger Gewinn.
Vögel wandern, Wind und Welle,
Wandern ist der schönste Brauch —
Lebe wohl, geliebte Schwelle,
Wandern, wandern will ich auch!

———

Morgenwanderung.

Nun laß daheim die Sorgen
Und wandre mit mir aus,
Uns lockt der goldne Morgen
In's grüne Waldeshaus!
Das weht so lind, so luftig,
Die Ferne liegt so duftig,
    Und schau nur, schau!
      Rings auf der Au'
Wie Diamanten blitzt der Thau!

Schon stieg die Purpurwolke
Des Ostens hell empor,
Vom frohen Sängervolke
Tönt im Gezweig ein Chor,
Und hoch, hoch über allen
Den lieddurchklungnen Hallen
    Schallt Welt entlang
      Der Lerche Sang
Vom Himmel her mit Jubelklang.

Dahinten Sorg' und Mühe!
Wie schreitet leicht der Fuß!
Dir, goldne Morgenfrühe,
Dir unsern Wandergruß!
Empfangt uns, grüne Matten!
Umringt uns, kühle Schatten!
    Waldeinsamkeit,
    Waldeinsamkeit,
O, mach' uns du die Herzen weit!

Auf der Wanderschaft.

Laß fürbaß, fürbaß uns schreiten
In die Welt, in Feld und Tann!
Auf des Schusters Rappen reiten
Wir behend Berg ab und an!
Das ist just ein lustig Leben,
Wie es eben uns gefällt:
Von Gesang und Klang umgeben
So zu schweifen durch die Welt.
Chor:
Durch die Welt, froh gesellt! Durch die weite, weite
Welt,
Wenn die Brust noch von Lust, noch von Jugendlust
geschwellt!

Winkt am Weg uns zum Empfange
Dann ein grüner Wirthshauskranz,
Zum ersehnten Becherklange
Eilt der Fuß gleich wie zum Tanz;
Denn die Kehle ist uns trocken
Und die Zunge dorrt uns ein:
Du da mit den braunen Locken,
Schnell kredenz' uns deinen Wein!
Chor:
Ja, den Wein, Schätzelein, ja den kühlen Labewein!
Einen Kuß dann zum Schluß, denn es muß geschieden sein!

Wanderlust.

Da liegt die schöne Gotteswelt
Im lichten Morgenprangen!
Dir Gruß, du leuchtend Himmelszelt,
Du Wald so kühl, du thauig Feld!
    Ein Zauber hält,
Ein Zauber hält hier mich umfangen.

Ich bin nicht, der ich gestern war;
Die Welt ist auch ein' andre.
Der Fuß, wie leicht! Der Blick, wie klar!
Es lacht das Herz mir immerdar
    So wunderbar:
Ich wandre! Juchheisa! Ich wandre!

Den Berg hinan, hinab das Thal,
Die Wunder all' zu kosten!
Frei bin ich wie der Morgenstrahl!
Mag, wer da will, nach seiner Wahl
    In träger Qual
Daheim in der Stuben verrosten!

Der Wandersmann.

Ob noch so leicht das Bündel,
Mein Liedlein stimm' ich an!
Bin ja des Herrgotts Mündel,
Ein froher Wandersmann.
O Welt, du schöne, weite,
Wohin ich immer schreite
In Berg und Thal, Welt ein und aus,
Ich bin im Vaterhaus!

Es läßt mich nimmer bleiben,
Nach Stab greif' ich und Schuh!
Nun in der Städte Treiben!
Nun in die Waldesruh'!
Wie weit ich auch die Blicke
In alle Fernen schicke,
In Berg und Thal, Welt ein und aus,
's ist ja mein Vaterhaus.

Ach, wie ein traulich Grüßen
Durchschauert's mir das Herz,
Blick' ich, die Welt zu Füßen,
Vom Berghaupt himmelwärts.
Froh breit' ich aus die Arme,
Befreit von jedem Harme —
In Berg und Thal, Welt ein und aus,
Ich bin im Vaterhaus.

Weinlied.

Folianten und Postillen
Und Grillen in den Bann!
Wir sehn hier ohne Brillen
Die Welt uns lustig an.
Den Stirnen mürr'scher Alten
Mag Falten man verzeih'n,
Hier darf nur Freude walten,
Und König sei der Wein.

Dann wandelt, was uns drücke,
Zum Glücke sich, zum Scherz;
Dann auf des Klanges Brücke
Zieht Lust von Herz zu Herz:
Beim Wein von süßen Dingen
Zu singen liebt der Mund,
Es wird bei solchem Klingen
Uns Leib und Seel' gesund.

Dir, Wein, du goldner König,
Ein tausendtönig Lied!
Dir sind wir gerne fröhnig
Allsammt in Reih' und Glied.
Laß deine Waffen winken
Und blinken, edler Held!
Du siegst, derweil wir trinken,
Dein, König, bleibt das Feld!

Waldrast.

Hier in des Waldes tiefstem Schooß,
    In wonniglicher Kühle,
O, laßt uns rasten hier im Moos,
    Auf sammetweichem Pfühle!
Wo nur verstohlen Sonnenschein
Durch hohe Wipfel blitzt herein,
Süß ruht sich's da, der Sorgen los,
    Nach aller Last und Schwüle.

Du holdes Vöglein, flieh nicht bang
    Aus deinem trauten Neste!
Wir lagern unterm Blätterhang
    Friedsam als deine Gäste.
Und weil's in deinem grünen Reich
Hier schallt und hallt so wundergleich,
Laß uns mit fröhlichem Gesang
    Begehn das Fest der Feste!

———

Seid verschwiegen.

Es kam ein junger Bursch
Wohl durch den Wald daher,
Sein Sinn war leicht und lustig,
Sein Bündel auch nicht schwer.
    Chor:
        Liebe Vöglein, die da fliegen,
        Seid verschwiegen,
        Sagt's nicht nach,
        Wie's bei Rosen
        Sich läßt kosen
In dem dunkeln Waldgemach....(Echo:) ach!

Ein Mägdlein sah er stehn
Alldort am klaren Quell —
Es war ihr dunkles Auge
Noch tausend Mal so hell.
    Chor:
        Liebe Vöglein, die da fliegen,
        Seid verschwiegen,
        Sagt's nicht nach,
        Wie's bei Rosen
        Sich läßt kosen
In dem dunkeln Waldgemach....(Echo:) ach!

„Grüß Gott, du hübsche Dirn'!"
„„Schön' Dank, schön' Dank für das!""
„Ich will hier bei dir rasten,
Fein weich ist Moos und Gras."
    Chor:
•   Liebe Böglein, die da fliegen,
      Seid verschwiegen,
      Sagt's nicht nach,
      Wie's bei Rosen
      Sich läßt kosen
In dem dunkeln Waldgemach . . . . (Echo:) ach!

Und als er fürder zog —
Ich weiß nicht, wann er schied —
Da sang der Bursche leise
Noch vor sich hin das Lied:
    Chor:
      Liebe Böglein, die da fliegen,
      Seid verschwiegen,
      Sagt's nicht nach,
      Wie's bei Rosen
      Sich läßt kosen
In dem dunkeln Waldgemach . . . . (Echo:) ach!

Den bösen Zungen.

Ich habe nie nach euch gefragt,
Ihr bösen, bösen Zungen,
Hab', was ich dachte, frei gesagt
Und frisch mein Lied gesungen.
Es war die süße Nachtigall,
Die Lerche nur mir Meisterin —
Verzeiht mir, wenn ich überall
    In eurer Zunft nicht bin.

Ich habe nie nach euch gefragt,
Und mochtet ihr erbosen!
Zu pflücken hab' ich kühn gewagt
Der Liebe holde Rosen:
Wohin mein glühend Herz mich zog,
Da hab' ich mich am Kuß gelabt —
Vergebet, daß ich nie erwog,
    Ob ihr den Segen gabt.

Ich habe nie nach euch gefragt,
Ihr bösen, bösen Zungen!
Ob ihr mich plagt, ob ihr mich schlagt,
Ich bin noch unbezwungen!
Ich würde gern euch stehn im Streit,
Wär't nicht zu feig' ihr zum Gefecht;
Euch hassen möcht' ich, doch ihr seid
    Für meinen Haß zu schlecht.

Berglied.

(Juni 1870.)

Hoch von dieses Berges Warten
Blick' ich sinnend unverwandt,
Drunten liegt, ein blüh'nder Garten,
Rings mein deutsches Vaterland.
All' ihr stolzen Felsenhöh'n,
Thäler, still und traulich schön,
All' ihr Wälder, See'n und Wiesen,
    Seid gepriesen,
Segnend grüßt euch meine Hand.

Aus den Gründen tönt ein Klingen —
Das ist Abendglockenklang;
Schnitter auf dem Heimweg singen
Einen frommen Nachtgesang.
Wie so weich das klingt, so traut!
Doch das Volk, das fleißig baut
Weit umher in Au'n und Thälern,
    Stark und stählern
Steht es auch im Waffengang.

Einen Adler seh ich schweben,
Still, im Abendglanz verklärt,
Aber seine Feinde beben,
Wenn er blitzschnell niederfährt.
Friedsam wohnt in Berg und Thal
Wohl mein edles Volk zumal,
Doch der Gegner mag erbleichen:
    Sonder Gleichen
Führet deutsche Hand das Schwert.

Fort jedoch, ihr Kriegsstandarten
Bringt nicht Thränen, Blut und Brand!
Bleibe stets ein blüh'nder Garten,
Du geliebtes Vaterland!
Nieder sinkt der Abend leis —
Schlummert friedlich rings im Kreis,
Ihr gesegneten Gefilde,
    Treu und milde
Schirmt euch Gottes Vaterhand.

Deutsches Lied.

Es lebt in unsern Herzen
Ein heil'ger, hoher Drang,
Die Brust in Freud' und Schmerzen
Durchzieht ein hehrer Klang.
Tief innen steht's geschrieben
Von eines Gottes Hand,
Dich ewig treu zu lieben,
Du theures Vaterland!

Schön seid ihr doch vor Allen,
Ihr weiten deutschen Gau'n,
Mit eurer Wälder Hallen,
Mit stromdurchrauschten Au'n,
Mit mächt'ger Städte Zinnen,
Von Domen überragt,
Und einem Volke drinnen,
Das stark und unverzagt.

Noch lebt der Ruhm der Väter
In stolzen Herzen fort,
Schmach trifft noch den Verräther,
Noch heißt's: Ein Mann, ein Wort!
Und darum, was auch dräue,
Wir halten muthig Stand.
Gott ist mit uns, der treue,
Heil dir, mein Vaterland!

Wie ist die Welt so still, so still!

Wie ist die Welt so still, so still!
Der Sterne Gang mein' ich zu hören;
Selbst im Gebüsch die Quelle will
Nicht diesen heil'gen Frieden stören.

So schweige, wildes Herz, auch du!
O laß vor meinen Gott mich treten
Und gieb der müden Seele Ruh',
Einmal recht ungestört zu beten!

Auf Aetherschwingen durch die Nacht
Ziehn lautlos Engel bis zum Tagen,
Die lösen von den Lippen sacht,
Was Menschenworte nimmer sagen.

———

Träume.

Das Abendroth vergluthet,
Die Sterne sind entfacht,
Geheimnißvoll umfluthet
Mich rings die dunkle Nacht.
Es rauschen leis die Bäume
Wie ein entferntes Meer,
Doch leiser wandeln Träume
Durch's Weltall hin und her.

So schwebt und schweift geschwinde
Die leichte Geisterschaar
Wie zu dem blonden Kinde
Zum Greis im Silberhaar,
Zum Schlosse wie zur Hütte,
An's Lager, weich und warm,
Wie an das Strohgeschütte,
Umgaukelnd Reich und Arm.

Sie waltet zaubermächtig
Hier wie ein tändelnd Spiel,
Dort trägt sie, hehr und prächtig,
Empor an's kühnste Ziel,
Sie spottet keck des Raumes,
Sie achtet nicht der Zeit,
Ihr sind des Himmelssaumes
Gestirne nicht zu weit.

Das Spätroth ist vergluthet,
Die Sterne glüh'n voll Pracht,
Dunkler und dunkler sluthet
Geheimnißvoll die Nacht.
Die müden Augenlider
Gehorchen kaum noch, kaum —
O Nacht, schon sinkt hernieder
Auf mich dein schönster Traum!

Trinklied beim Scheiden.

Stoßt an und laßt noch diesen Trunk
Die Herzen uns entflammen!
Stoßt an, wir kommen nie so jung,
Ihr Brüder, mehr zusammen!
   Treibt uns nach allen Winden
   Das Schicksal morgen fort,
   Stoßt an! Auf Wiederfinden,
   Und wär' es auch erst dort!

Stoßt an! Dies Glas, dies eine nur,
Ihr Brüder, dann geschieden;
Doch bindet uns der heil'ge Schwur
Für immerdar hienieden:
   Ob uns das Schicksal triebe
   Hinab zum fernsten Pol:
   Deutschland bleibt unsre Liebe!
   Stoßt an! Auf Deutschlands Wohl!

Romanzen.

Der Hohenstaufen Rache.

Des Volkes Grimm ward grause Wuth,
Und lechzend nach Franzosenblut
Erschlug's die fremden Tyrannen,
Nicht einen ließ es von dannen.
Und gebrochen ist nun der Henker Gewalt,
Frei athmen die Herzen wieder;
Palermo, wie ganz Sicilien, hallt
Vom Schalle der Freiheitslieder.

Und des herrlichen Manfred Tochter naht,
Die das treue Volk erkoren hat,
Daß des Vaters Krone sie schmücke,
Die Anjou raubte voll Tücke.
O seht nur die festliche Menge dort,
Die zahllos harret am Meere!
Schon steuert zum blühenden Inselbord
Der Königin goldne Galeere.

Und lauter tönet der Jubelschrei.
Nun ist es da, das Schiff legt bei,
Und nun sinkt vor dem Volke
Der purpurnen Segel Wolke.
Doch stiller wird es im Kreise bald
Der eben so stürmischen Haufen,
In Trauergewanden erscheint die Gestalt
Der Tochter des Hohenstaufen.

Im Antlitz prägt sich ihr tiefer Schmerz,
Der wunderbar greift an jedes Herz;
Es verstummen die frohen Gesänge,
Und schweigend folgt ihr die Menge.
Auf Teppichen schreitet Constanzens Fuß,
Auf Blumen zum Schlosse der Ahnen,
Doch beut ihr Mund nicht lächelnden Gruß,
Nichts scheint sie an Freude zu mahnen.

Und als nun im hohen Waffensaal
Die Königin thronet mit ihrem Gemahl,
Auf geweihtem Haupte die Krone,
Im huld'genden Kreis der Barone,
Da zu der Tochter Manfreds neigt
Aragoniens König sich nieder:
„Das Schicksal hat sich uns hold bezeigt,
So freue des Glücks dich nun wieder."

Ernst aber spricht die Königin:
„Klein, mein Gemahl, ist der Gewinn:
O traue nicht dem Glücke,
Ich kenne des Schicksals Tücke.
Ringt draußen nicht auf dem falschen Meer
Mit dem Feind noch unsre Flotte?
Ein Augenblick, ein Ungefähr,
Und wir sind ihm wieder zum Spotte.“

Da plötzlich schallt es zum Schloß empor,
Des Volkes Tausende jubeln im Chor,
Und im freudig erregten Gedränge
Strömt näher und näher die Menge,
Einen Krieger geleitend zum Königssaal,
Der fröhliche Kunde spendet,
Von Roger, dem alten Admiral
Des Aragonesen, gesendet.

Und vor den Thron hintretend spricht
Der Bote mit strahlendem Angesicht:
„Die Himmlischen haben gerichtet —
Die Macht Anjous ist vernichtet!
Zerstört ist seine Flotte, sein Heer
In alle Winde gegangen,
Beglücktes Fürstenpaar! Noch mehr!
Auch des Feindes Sohn ist gefangen!“

Da bricht unendlicher Jubel aus
Und schallet und hallet durch's hohe Haus
Und wälzt sich hinaus auf die Gassen
Und bemeistert sich wieder der Massen.
Es glühen die Wangen der Königin,
Und funkelnd mit düsterem Glanze
Schweift durch die Hallen ihr Auge hin —
Neu lebet auf Constanze.

Dämonisch regt sich in ihrer Brust
Ein wilder Drang, eine wilde Lust
Und rufet: „Erwach', erwache,
Vernichtende, schreckliche Rache!
Vergeltung für des Vaters Blut,
Den ich lange beweinet habe,
Der bei Beneventos Brücke ruht
Im ungeweiheten Grabe!

„Vergeltung für der Mutter Tod,
Die mißhandelt starb in Elend und Noth,
Für der Brüderlein schmähliche Ketten,
Aus denen nur Gott sie kann retten!
Vergeltung, Vergeltung für Konradin,
Der geblutet auf dem Schafotte!
Daß endlich die Rache nun doch erschien,
Gedankt sei's dem höchsten Gotte!

„Und welche Rache! Welch' Gericht!
Man sagt, daß Sterblicher Auge noch nicht
Den Anjou lächeln gesehen;
Nun soll's ihm sicher vergehen!
Nun zeige sich, ob er die Thräne kennt,
Die aus der Verzweiflung quillet,
Die bis an's Grab auf der Seele brennt,
Und die kein Gebet je stillet!"

Constanze — im düstern Gewande der Nacht,
Umringt von des Hofes schimmernder Pracht,
Umringt von der Zahl der Gäste,
Die geschmückt erschienen zum Feste —
Sie steht gleich zürnender Gottheit da,
Die bereit, Verderben zu senden,
Verderben zu senden fern oder nah,
Unwendbar sterblichen Händen.

Horch — unten! Statt Jubels, welch grausig Getos?
Sind alle Geister der Hölle los?
Palerm begrüßt, die gefangen,
Mit dräuendem Blutverlangen.
Und dem Schlosse nahet das Wuthgeheul
Vom segelbedeckten Wasser,
Es wird vor dem schnaubenden Menschenknäul
Ein Jüngling geführt, ein blasser.

Da kommen sie — da sind sie schon,
Und die Fürstin erblickt des Gehaßten Sohn;
Vom tobenden Trosse begleitet,
Zum Thron der Verwundete schreitet.
Doch nun sie in's fromme Antlitz ihm sieht,
Das Todesmuth verkläret,
Da weiß sie nicht mehr, wie ihr geschieht,
Was dem wilden Hasse wehret.

Und wie der Jüngling ruhig spricht:
„Ich weiß, Ihr schenkt das Leben mir nicht;
Mein Blut muß anderes sühnen,
Bald wird mein Hügel grünen.
Weil's aber heut' ein Freitag ist,
Kann ich den Trost doch erwerben,
Am selben Tag, da Jesus Christ
Gestorben einst, zu sterben."

Da kommt es über sie wundergleich,
Da ruft die Königin mild und weich:
„Nicht ich will strafen und richten,
Den Streit mag der Himmel schlichten.
Ich kann ja nicht mit unschuldigem Blut
Zurück die Gemordeten kaufen,
Und Wehrlose tödten — das steht nicht gut
Der Tochter der Hohenstaufen.

„Schuldloser als du noch war Konradin,
Dein gräßlicher Vater mordete ihn.
Kommt zu sterben an den die Reihe,
Straf' Gott ihn; doch ich verzeihe.
Um den, der heute einst im Tod
Für Alle hat müssen erblassen,
Der uns die Feinde zu lieben gebot,
Will ich das Leben dir lassen."

Wohl murret das Volk und zürnt und grollt,
Wie wenn ein fernes Gewitter rollt,
Und zornige Augen drohen,
Wie Nächtens die Blitze lohen;
Doch nicht verläugnet ihr edles Geschlecht
Constanze, sie hält ihr Versprechen,
Und sie hat sich herrlich und groß gerächt,
Wie gewaltige Seelen sich rächen.

———

Der Sturz der Irmensäule.

(Gemälde von Bleibtreu.)

„Donnre, Donar, daß die Welt erbleiche!
Donar, sende deine Blitze her!
Wodan, aus dem weiten Wolkenreiche
Auf den Frevler schleudre deinen Speer!
    Wanken nicht der Erde Schranken?
    Oeffnet sich nicht Helheims Pfuhl?
Seht, es stürzt der stolze Herr der Franken
Frech die heil'ge, hohe Irmensul!"

Also schallt und hallt es weit im Kreise;
Händeringend flehn, des Schreckens Bild,
Eichenlaubgeschmückte Priestergreise,
Und Prophetenweiber kreischen wild.
    Doch trotz allem Wuthgeheule
    Heiter bleibt des Himmels Blau,
Und den Sturz zu rächen ihrer Säule
Wanket nicht der Erde fester Bau.

Erzgegürtet aber steht, ein Hüne,
Der gewalt'ge Frankenkönig da:
Blitze sprüht sein Blick, der schlachtenkühne,
Donner hallt sein Machtwort fern und nah.
    „In den Staub mit euch, Bethörte!
    Seid dem Heiland unterthan!
Wie der Götze stürzte, der zerstörte,
Weichet vor der Wahrheit jeder Wahn!"

Auf die Trümmer tritt sein Fuß, der schwere,
Und es tönt — des Königs Ruf gebeut's —
Lobgesang zu des Erlösers Ehre,
Und erhöht wird feierlich das Kreuz.
    Doch mit Zürnen nur und Grollen
    Beugt der Sachse sich voll Wuth,
Und es kündet seiner Augen Rollen,
Wie sein Herz nach Rache lechzt, nach Blut.

Guttorm.

I.

Die Harfe klingt, das Lied hallt wundertönig,
Entzückt lauscht mit dem Sohn der alte König.

Der Skalde singt von blut'ger Männerschlacht,
Von Heldenthum und Sieg, von Ruhm und Macht.

Die Wange flammt, es blitzt sein feurig Aug',
Ein Frühlingssturm scheint seines Mundes Hauch.

Held Harald springt empor von seinem Thron:
„Für dieses Lied begehre jeden Lohn!"

Der Königsohn ergreift des Sängers Hand:
„Guttorm, o heisch' auch meines Dank's ein Pfand!

„Und wär's das Höchste, was dein Mund begehrt —
Dir dient mein junger Muth, dein ist mein Schwert!"

Treu blickt der Sänger in die Augen ihnen
Und spricht bewegt mit frohverklärten Mienen:

„Vieledler Herr, Norwegens Ruhm und Stolz,
Nichts, nichts bedarf ich eures rothen Golds!

„Und Halfdan, ihr in dunkler Locken Zier,
Was sollte bluterkaufte Beute mir?

„Im Lied beglückt schon, was könnt' ich begehren?
Mir bleib' ein Wunsch, den einst ihr mögt gewähren!“

Der König ruft, es ruft sein junger Sohn:
„Hört's, Jarle hier und Hersen rings am Thron!

„Seid Zeugen unsers Schwurs nach alter Sitte:
Dem Skalden ist gewährt, was einst er bitte!“

II.

Zu Silber ward Held Haralds goldnes Haar,
Doch herrscht er, wie in Lüften herrscht der Aar.

Die Hand, die hundert Könige überwand,
Gewaltig lenkt sie Norwegs Volk und Land.

Und Segen sprießt, soweit sein Scepter reicht,
Kein Fürst ist, dessen Ruhm dem seinen gleicht.

Den Thron umblüht von Söhnen eine Schaar,
Die ihm so manches holde Weib gebar.

Sie wuchsen wie ein Wald von stolzen Tannen,
Ein Drachenschiff könnt' er damit bemannen.

Doch trotzig ist und wild ihr Sinn und Herz,
Sie heeren an den Küsten allerwärts.

Aufzischt da plötzlich ein verzehrend Feuer:
Entfesselt wird der Zwietracht Ungeheuer.

Ein Bruderkrieg! — Zu rächen theures Blut,
Zieht Halfdan aus mit wildem Kampfesmuth.

Sein liebster Bruder starb den Flammentod —
Ein Bruder war's, der solchen Gräu'l gebot.

Held Harald herrscht: „Dein Schwert steck' in die Scheide!"
Kühn trotzt der Sohn, und es ergrimmen Beide.

Und Heere ziehn und Flotten in den Streit,
Geklirr von Waffen hallet weit und breit. — —

III.

Dort steht der Heldengreis, bereit zur Schlacht,
Wie Felsen fest, doch düster wie die Nacht.

Verderben scheint sein finstrer Blick zu drohn:
Vor ihm der Feind — der Feind, es ist sein Sohn.

Empört hat sich sein eigen Fleisch und Blut,
Zwiefach entzündet das des Zornes Gluth.

Da naht der edle Guttorm, ernst und schlicht,
Jedoch in Waffenschmuck und Rüstung nicht.

Er tritt heran, so feierlich wie nie,
Und beuget vor dem strengen Herrn das Knie.

„Die Welt erschrickt ob diesem grausen Streit!
Jetzt denkt an den mir einst geschwor'nen Eid.

„Jetzt bitt' ich — im Voraus habt ihr's gewährt —:
Nicht wider euren Sohn, Herr, zückt das Schwert!

„Ich bitte — Herr, ihr haltet euren Schwur —
Für mich nicht, nur für euch, für Halfdan nur!"

Der königliche Greis neigt sich zum Sänger,
Kämpft noch mit sich, doch widersteht nicht länger.

„Will Halfdan Frieden, deinethalb mag's sein!" —
Guttorm springt auf und führet ihn herein.

„Ihr brächet nicht den Eid, ich hab's geahnt,
Und Halfdan schon vorher an ihn gemahnt.

„Umarmt, mein Heldenkönig, euren Sohn,
Dann ward mir für mein Lied der schönste Lohn.

„Der Sänger singt nicht, sich mit Glanz zu schmücken,
Sein höchstes Glück ist's, Andre zu beglücken."

Thorvald Vidförle.

Der mit dem Doppelbarte, Herr Svend Haraldssohn,
Zog hinaus zu heeren von seines Vaters Thron;
Nur Helden auserlesen geleiteten den Zug,
Als er um Ruhm und Beute den Krieg an ferne Küsten
trug.

Doch aus der Schaar der Degen ragt' Einer hoch und
hehr,
Wie Thules mächt'ge Jökuln aufsteigen aus dem Meer;
Gezeugt hatt' ihn auch Island und Thorvald hieß der
Held,
Vidförle zubenamet, weil er durchfahren die weite Welt.

Der war gefürchtet im fernen Gardareich,
Der machte die Männer von Myklagaard bleich;
Doch schwang er sein Schwert nur gegen stolze Herrn,
Des Sohns der Hütten schonend, und Beute gab er
Armen gern.

Und wer, überwunden im blut'gen Waffenspiel,
Nach tapfrer Wehr dem Wiking in die Hände fiel,
Den ließ er ohne Lösung in die Heimath ziehn —
Was Wunder denn, wenn Thorvald des höchsten Lobes
werth erschien.

Nun zog er mit dem Dänen, dem Svend Doppelbart,
Den er zum Herrn erkoren; nach Britland ging die Fahrt.
Die Wikinger stiegen mit Schilderklang an's Land,
Doch Recken harrten ihrer, sie fanden tapfern Widerstand.

Hagel von Pfeilen schwirrten durch die Luft von Heer
zu Heer,
Schwert und Streitaxt klirrten und die Kolben rasselten
schwer;
Doch schien's, die fallenden Briten erstünden
vertausendfältigt,
Da wurden die Wikinger endlich nach langem Ringen
überwältigt.

Svend Doppelbart und Thorvald stieß man gefesselt nun
In Kerkernacht, um drinnen vom heißen Kampf zu ruhn.
Sie kannten ihr künftig Loos, die kühngemuthen Degen,
Doch sahn sie festen Trotzes dem letzten Erdengang
entgegen.

Sie priesen erstrittene Siege mit Liedern laut und froh
Und rüsteten zum Sterben, wie's Helden ziemt, sich so:
Da sprang zurück der Riegel, da that sich auf das Thor,
Da zog man die Gefangnen an's goldne Tageslicht hervor.

Man führte sie hin zur Halle, wo der Herrscher saß zu
Gericht
Den Söhne und reis'ge Mannen im Kreis umstanden dicht,

Wo der Block war aufgerichtet, wo im blutrothen Kleid,
Auf's blanke Beil sich lehnend, der finstere Henker stand
bereit.

Still war's ringsum, als zürnend der Britenkönig sprach:
„Zum Himmel schreit um Sühne des Landes Weh
und Ach!
Svend Haraldssohn, vernimm es! Du, der gebracht
die Noth,
Verbüßest deinen Frevel noch diese Stunde mit dem Tod.

„Doch Thorvald, du sein Kämpe, erkennst du diese hier?
Sieh, meine Söhne sind es, ich dank' ihr Leben dir!
Die einst im Kampf Besiegten, du sandtest mir die
Drei —:
Thorvald, du sollst nicht sterben, nein, Thorvald, du bist
frank und frei!"

Da sprach der wackre Wiking: „Ich will nicht dein
Geschenk!
So lang' mein Name lebet, sei deß die Welt gedenk:
Thorvald gab Gut und Freiheit, ja, Leib und Leben gern,
Um gleiches Loos zu theilen mit seinem königlichen Herrn.

„Nimm hin mein Blut! Ich sterbe, weil ich nicht leben
kann,
Wenn nicht mit mir die Freiheit mein Freund und Fürst
gewann!

Ich schenkte dir drei Söhne, die besiegt mein gutes
Schwert —
Ei, stolzer König, wären die Drei nur Einen Thorvald
werth?"

So sprach er kühn. Der König sah ihn staunend an,
Und beiden Gefangnen ließ er die Fesseln lösen dann.
Der Block war aufgerichtet, der Henker stand bereit,
Der trotzige Thorvald aber, Thorvald hat seinen Herrn
befreit.

Zwiefacher Sieg.

I.

Mild senket sich hernieder die thauige Sommernacht,
Und über der dunkeln Haide halten die Sterne Wacht;
Aus ihrem stillen Reiche streift kühl und sanft ein Hauch,
Wie linder Gruß des Friedens säuselnd durch Gras und
Strauch.

Doch von Bornhövedß Hügeln aus blühendem Haidekraut
Steigt auf der Nachtluft Schwingen manch leiser
Sterbelaut:
Hier liegen sie beisammen in Haufen, Herr und Knecht,
Troßbuben bei den Rittern aus fürstlichem Geschlecht.

Die Würfel sind gefallen, geschlagen ist die Schlacht,
Die Deutschlands Norden vom Joche der Dänen frei
gemacht;
Denn Waldemar „der Sieger" liegt mit den Seinen
im Feld:
Gesiegt hat heute Adolf, der Holsten kühner Held.

Die Nacht, heimlich aufseufzend, trägt ein in's Sternenbuch
Hier noch ein letztes Beten, dort einen letzten Fluch,
Da kommt es über die Haide langsam daher gewallt —
Das Roß am Zügel, naht sich eine hohe, dunkle Gestalt.

Wär's wohl der Tod, der grinsend, nachdem er hier gemäht,
Zählt, was er eingeerntet, wo er doch nicht gesät?
Der Fremde schreitet schweigend im Sternendämmerlicht,
Und ihn ergreift der Schauer des Leichenfeldes nicht.

Und wo die Ginsterblumen vom wildesten Gestampf
Zernichtet, wo den Boden durchwühlt der grimmste Kampf,
Wo auf dem Haidehügel, am dichtesten gehäuft,
Die Leiber starren, denen kein Blutthau mehr entträuft:

Da forscht im nächt'gen Zwielicht der Todten später Gast
Und forscht und forscht und tastet, zuletzt verzweifelnd fast;
Doch endlich ist gefunden, was er so lange gesucht:
Ein Körper, der belastet lag von Erschlagener Wucht.

Das ist in voller Rüstung, die nun zerbeult, zerhau'n,
Ein Ritter, wie ein Hüne gewaltig anzuschau'n.
Den Helm ziert ihm ein Krönlein, das scheint von Golde pur,
Solch köstliches Geschmeide trägt wohl ein König nur.

Der Fremde lös't ihm mühsam die Rüstung, blickt beim Licht
Der Sterne dann in's Antlitz, das blutige, und spricht:
„Ja, Waldemar, Dänenkönig, ich kenne dich Zug um Zug!
Nun hast du deutschen Landes doch endlich wohl genug!

„Ein Gott hat dich getroffen! Du stehst vor seinem Thron,
Da harret dein, anklagend, mein edler Vater schon.
Was ich durch dich erduldet — still, Herz! Herz,
                 schweige still!
Mag man für mich einst beten, wie ich's für Dich jetzt
                 will!"

Und zu des Königs Häupten fährt in den Grund alsbald
Sein Schwert, das nun dem Ginster entragt in Kreuzgestalt,
Da kniet er hin voll Andacht und betet für den Feind,
Und Gott im Himmel sieht es, wie treu und fromm
                 er's meint.

Dann richtet er sich zögernd empor, indem er spricht:
„Ich habe dich im Leben bekämpft nach Recht und Pflicht,
Doch jetzt sei ausgeglichen jedweder Haß und Groll,
Wie wild im deutschen Herzen die Fluth mir sonst auch
                 schwoll.

„Gott nahm zu sich die Seele — am königlichen Staub
Verüb' unedle Hand nun nicht frevelhaften Raub!
Dein Volk, dem du entrissen in Glanzes Mitten heut',
Es bestatte dich mit Thränen und Blumen und Grab=
                 geläut!"

II.

Aus Osten haucht es kühler und heller wird die Nacht,
Denn hinter Wäldern steiget der Mond in stiller Pracht;
Des Himmels ernster Pilger blickt groß und ruhig drein
Und füllet alle Räume mit geisterhaftem Schein.

Da schallt's von Rosseshufen, gedämpft bald und bald laut!
Gespenstisch wie ein Schatten jagt über's Haidekraut
Ein Rapp, seltsam bebürdet mit einer Doppellast,
Des Spornes Stachel treibt ihn und gönnt ihm keine Rast.

Auf Einem Roß zwei Reiter — wohl keucht das kräft'ge
Thier —
Im Stahlkleid sitzt der Eine, geschlossen das Visir,
Der Andre, ohne Rüstung, scheint willenlos und starr,
Der Eine ist der Beter, der Andre Waldemar.

Der Ritter hat den König vor sich auf's Pferd geschnallt.
Gen Kiel, wo noch vom Thore das Dänenbanner wallt,
Geht es durch Busch und Haide, bergauf nun und bergab,
Und frischer saust der Nachtwind, und rascher wird der
Trab.

Da dämmert es im Innern des Todtgeglaubten fern;
Auf glimmt die Seele wieder, ein fast erloschner Stern;
Chaotische Gedanken durchtoben in wilder Jagd
Das Hirn ihm wüst und verworren wie toller Geister
Schlacht.

Vor einem Ruck des Zügels hält plötzlich an das Roß:
Erstarrend fühlt's der Ritter, es regt sich sein Genoß.
Da wieder! Da! Die Arme regt er und reckt das Haupt!
Er lebt! Der Dänenkönig lebt, den er todt geglaubt!

Und auf des Ritters Seele stürzen Gedanken ein,
Geschwader auf Geschwader in dichten Heeresreihn,
Wie eine Well' im Meere die andre Welle hetzt,
Wie Herbststurm Wolk' auf Wolke verscheuchet und zerfetzt.

Ein freies Grab dem Todten, also war es gemeint!
Doch athmet er und lebt er, dann sichre Haft dem Feind!
Mit Land und Leuten löse dich, Herr von Dänemark,
Ich habe gute Burgen mit Mauern fest und stark.

Triumph, du Nesselbanner, das hoch nun flattern darf!
Triumph, du deutsche Klinge, die sich bewährt als scharf!
Mein ist des Tages Ehre, nun ist der Lohn auch mein,
Und, Herz, du schwergekränktes, dein soll die Rache sein!

— Doch nun scheint in die Seele ihm ein versöhnend Licht,
Wie wohl durch Wetterwolken die liebe Sonne bricht;
Es ist, als wenn auf's Herz ihm ein Gott die Hände legt
Und all' die Wogen glättet, die's eben wild bewegt.....

Auf's Neue fühlt der Rappe des Ritters scharfen Sporn,
Und weiter geht's wie früher, weiter durch Dorn und Korn.
Da findet der König Worte: „Was ist das für ein Land?"
„Deutsches!" — Des Ritters Stimme, sie scheinet ihm
bekannt.

„Und das mich trägt von dannen, was ist es für ein
Roß?"
„Ein deutsches!" spricht der ernste, wortkarge Reitgenoß.
„Wer bist denn du, und kennest du mich, so sag' es an?"
„Ein Deutscher, Dänenkönig!" spricht fest der Rittersmann.

Dem König graut's; welch Schicksal mag ihm beschieden
sein?
Und weiter jagt der Ritter mit ihm über Stock und
Stein.
Dort wallt das Dänenbanner vom Thurm — sie sind
davor,
Der Wart bläs't von der Zinne, geöffnet wird das Thor.

Der Ritter lös't den König; die Knappen springen her,
Und Jener ruft verwundert: „Wer bist du, Ritter, wer?
Wie kam's — bevor du scheidest, du Stolzer, sprich's,
o sprich! —
Wie kam's, daß ich als Retter hülfreich befunden dich?"

„Frei bist du, doch in Fesseln, und bist in einem Bann,
Aus dem kein heil'ger Vater in Rom dich lösen kann!
Sein Wort zerstöret Eide, reißt ein des Kerkers Wand,
Doch bricht es nicht die Kette, mit welcher ich dich band!"

„Wie könnt' ich sein gebunden und dennoch frei und frank?
Wer bist du, deutscher Ritter, dem Dänemark schuldet
Dank?
Laß mich dein Antlitz schauen, schlag' auf nun dein Visir,
Und dann, weß edeln Stammes du bist, vermelde mir!"

Und sieh, der Ritter öffnet sein Gitter nach Geheiß;
Da, wie aus Einem Munde, erschallt es rings im Kreis:
„Der Holstengraf! Graf Adolf!" Er aber reicht die Hand
Dem blassen Dänenfürsten; der steht wie festgebannt.

Doch spricht er dann und fasset die Hand, die Jener bot:
„Adolf, ich fühl's, die Fessel, die hält bis an den Tod!
Du siegtest bei Bornhöved, doch — Degen brav und gut! —
Zwiefach hat mich bezwungen dein hoher Edelmuth.

„Die Waffen sollen ruhen; nie heb' ich meine Hand
Je wider dich und die Deinen und wider deutsches Land!
Und könnt ihr mir vergeben — ich will euch gern verzeihn,
Und Frieden nur soll ferner und Freundschaft unter
uns sein!"

Frau von Pogwisch.

1404.

Die Ditmarsch will Herr Gerhard strafen,
Drum wappnet Ritter sich und Knecht,
Und muthbeseelt folgt auch dem Grafen
Der Pogwisch blühendes Geschlecht.

Acht Brüder, schlank wie Holsteins Buchen,
Des kühnsten Heldenstamms Gezweig,
So ziehn sie aus, sich Ruhm zu suchen,
Den kampfgewalt'gen Ahnen gleich.

Die Mutter lässet sie von hinnen
Und mit den Söhnen den Gemahl,
Dem Zuge von des Schlosses Zinnen
Bewegt nachblickend in das Thal.

Da kehrt zu ihr nach wenig Tagen
Ein Dienstmann fliehend aus der Schlacht:
„Die Feinde siegten, und erschlagen
Sind eure Söhne alle acht!"

Der edeln Frau erbleicht die Wange,
Doch blickt ihr Auge zorneshell,
Streng wehret sie dem Schmerzensdrange
Und ihre Lippen herrschen schnell:

„Und sind die Acht im Streit gefallen,
In starker Hand das scharfe Schwert,
Dann geb' ich meinen Segen Allen;
Sie sind des Vaterlandes werth.

„Doch meinen Mutterfluch dem Gatten,
Der feige, sie nicht rächend, floh!
Er sei, verfolgt von ihren Schatten,
Hinfort nicht mehr des Lebens froh.

„Und mich löf't er von jedem Eide,
Durch den ich ihm verbunden war,
Denn zwischen uns drängt sich als Scheide
Der Söhne bleiche, blut'ge Schaar!"

Der Diener steht verwirrt, vernichtet:
„Um Gott! Verzeiht mir hohe Frau,
Wenn Alles ich noch nicht berichtet;
Mein Wort war halb und ungenau.

„So wie der Leu kämpft, dem die Jungen
Entrissen sind, hat im Gefecht
Die Streitaxt euer Herr geschwungen
Und zehnfach wohl die Acht gerächt.

„Stets brach er neue blut'ge Gassen,
Stets war im Kampf er mittendrin:
Da schlossen sich um ihn die Massen
Und schwerverwundet sank er hin." —

Nun blühn der Herrin Wangen wieder,
Wie wenn sie Morgenroth umweht,
Und froh kniet sie zur Erde nieder,
Die Hände faltend zum Gebet:

„Herr Gott, noch mehr als für mein Leben
Dank' ich für deine Gnadenwahl,
Daß solche Söhne du gegeben
Und solchen, solchen Ehgemahl!

„Wenn meine Schätze den erlös'ten,
Genes't er wohl in treuer Hut,
Und du, mein Gott, du wirst mich trösten,
Denk' ich an meiner Söhne Blut!"

Treue bis über's Grab.

Die Sturmfluth brach auf das Eiland herein
Der armen Inselfriesen.
Wie mit Weltenuntergangsmelodei'n,
Als sollte die Nacht die letzte sein,
Fuhr wetternd und schmetternd der Sturmwind drein
  Und schleudert' an's Land,
  An den Dünensand
Der Wogen raubgierige Riesen.

Und sie spülten und wühlten und rissen los
In den langen nächtlichen Stunden
Die schirmenden Hügel, Stoß auf Stoß,
Hinab in der Nordsee wirbelnden Schooß,
Bis der Morgen kam und im Wellgetos,
  Verschlungen vom Meer,
  Manche Inselwehr
Für die Ewigkeit war verschwunden.

Tief zwischen den Dünen dort lag, umhegt —
Erhaben kaum über den Watten,
Die von jeglicher Ebbe blosgelegt,
Ueber denen zur Fluthzeit wilderregt
Die brausende Fluth zusammenschlägt —
  Das kleine Thal,
  Wo die Schiffer zumal
Die geliebten Todten bestatten;

Die, von Wind und Wettern unversehrt,
Von mächtiger Sehnsucht getrieben,
Aus Wunderlanden zurückgekehrt
Und nur, nachdem sie gedarbt und entbehrt,
In der armen Heimath zu sterben begehrt —
      War verschont in der Nacht,
        In der schrecklichen Nacht
Die geheiligte Stätte geblieben?

O Meer, so tückisch, o Meer, so arg,
Laß diese Todten doch ruhen!
Ihr Loos im Leben, wie war es so karg!
Nun gönnest du ihnen nicht Ruh' im Sarg,
In dem man die irdische Hülle barg?
      Die wilde Fluth,
      Die nimmer ruht,
Entblößt schon die dürftigen Truhen.

Was will das Weib, das am Strande irrt,
Wohl zwischen den kahlen Hügeln?
Wie flattert das Haar ihr um's Haupt so verwirrt,
Zerzaus't von dem Sturme, der wild sie umschwirrt!
Keine Thrän' im düsteren Auge flirrt,
      Doch in bebender Hast,
      Ohne Ruh' und Rast
Sucht den Schritt sie nur mehr zu beflügeln.

Was will das Weib? Es jagt daher,
Ob die Wogen sie auch erfassen.
Sie will eine Beute abringen dem Meer,
Sie achtet der rauschenden Wasser nicht sehr —
Des Gatten Sarg, sei er noch so schwer,
    Und sei die Gefahr
    Noch so offenbar,
Sie will ihn den Wogen nicht lassen.

Sie reißt ihn empor und sie schleift ihn hinan
Zur höchsten der ragenden Dünen,
Und auf's zornige Meer ausblickend alsdann,
Dem sie den geliebten todten Mann
Nach gewaltigem Kampfe abgewann,
    So stehet sie dort
    Beim befreiten Hort,
Wie ein trotziges Weib der Hünen.

Und sie ruft hinab in der Fluthen Getoll',
Triumph in den kühnen Geberden:
„Den ihr nie bezwungen im Leben, der soll
Im Tod euch nicht zahlen Zins und Zoll,
Denn die Lieb' ist stärker als Haß und Groll!
    Du Meer, er ist mein,
    Und nie wird er dein,
So lang' ich noch weil' auf Erden!"

Niß Puk.

Schleswig-Holsteinische Volkssage.

„Da schlage denn doch das Wetter drein!
Nein, länger halt' ich's nicht aus!
Ich fliehe die endlosen Neckerein,
Und willst du nicht mit, dann geht's allein
    In die Welt hinein —
Kurz, ich verlasse dies Haus!
Nachts kneipt es mir bald die Nase
    Und bald die Zeh'n,
Früh hör' ich, als wenn er rase,
    Den Haushahn krähn —
      Wer thut es? Der Puk!

„Dir, Frau, benascht er jeglichen Krug,
Zehn Katzen stöhlen nicht mehr!
Wer anders auch war's, der die Scheiben zerschlug,
Der die Eier der Hühner vom Neste vertrug
    Und sonst genug,
Wer anders wohl war's, als er?
Das rummelt und tummelt im Koben
    Und läßt nicht Ruh':
Gewieher, Gepolter und Toben,
    Ach, immerzu! —
        Wer thut es? Der Puk!

„Uns quält er mit Schabernack so bis auf's Blut,
Ich sag's: Was zu toll, ist zu toll!
Jüngst sah ich den kleinen Unhold recht gut
In grasgrüner Jacke und spitzem Hut —
    Die böse Brut,
Das Kerlchen mißt keine vier Zoll.
Ha, dacht' ich, zahl's heim nun mit Zinsen!
    Nun auf ihn schnell!
Allein er entschlüpfte mit Grinsen,
    Hohnlachend hell —
        Der arge Niß Puk!

„Hier geht es nun immer nur schlimmer so fort,
Bis Kisten und Kasten geleert.
Drum, Frau, hinweg von diesem Ort!
Pack' ein, daß wir entfliehn dem Tort —
    Ha, wer lacht dort
So höhnisch hinter dem Herb?
Der Kobold soll nicht unser Glück verderben;
    Er bleibet hier,
Doch mit Farren und Karren und Schüsseln und Scherben
    Fort ziehen wir,
        Fort von dem Niß Puk!" —

Geräumt war das Häuschen bald bis an's Dach;
Der Bauer, mitsammt seinem Weib,
Saß hoch auf beladenem Wäglein, gemach
Den Hof schon verlassend — da rief mit Gelach'
    Ein Freund ihm nach,
Was plötzlich von hinnen ihn treib'?
Er wollte die Antwort just sagen,
    Doch blieb er stumm,
Denn piepend rief's hinten im Wagen:
    „Wir ziehen um!"
        Wer rettet vor'm Puk?!

Casella.

1768.

„Wer wagt's?! Wer spricht von Uebergabe hier?
Fließt Corsenblut in euern Adern noch,
Sprengt ihr euch lieber in die Luft mit mir!

„Wie stark der Feind auch sei, wir kämpfen doch,
So lang' noch Einer das Gewehr kann halten!
Hoch Corsika! Fluch dem Franzosenjoch!"

Casella ruft's, die kühnste der Gestalten
Im Thurm zu Nonza, noch im Herzen jung,
Mag auch durchfurcht das Antlitz sein von Falten.

So fachte gerne zur Begeisterung
Der alte wetterbraune Capitain
Die Seinen an durch wucht'ger Rede Schwung;

Unschlüssig aber stehen die und späh'n
Gen Pino von des morschen Thurmes Zinnen
Und murren: „Gegen Tausend stehn wir Zehn.

„Cafella, das ist rasendes Beginnen!
Dort nahen die Franzosen schon, ein Heer —
Thu', was du willst, wir aber fliehn von hinnen;

„Wir tragen, Capitain, noch kein Begehr
Nach einer Himmelfahrt auf Pulvers Flügeln!"
Und Jeder rennt, fortschleudernd sein Gewehr.

Cafella stampft und kann die Wuth nicht zügeln,
Den Grimm, der wild in seinem Herzen flammt:
Sie fliehn, und Feinde rings auf allen Hügeln!

Er aber, der vom alten Schlage stammt,
Er bleibt, verriegelt schnell das Thor und lädt
Die rostigen Gewehre allesammt;

Er lädt auch die Kanone, ein Geräth
Aus alter Zeit, das einsam und allein
Hier oben thront — und noch war's nicht zu spät.

Dort kommen der Franzosen blanke Reihn.
Ein Blitz, ein Knall! und in die dichten Massen
Schlägt die Kanonenkugel sausend ein.

Und eh' sich noch der stolze Feind kann fassen,
Beginnt der Corse rastlos abzufeuern,
Was man ihm an Gewehren hat gelassen.

Da naht vom Frankenheer, dem Kampf zu steuern,
Der ein verzweifelter zu werden droht,
Ein Officier des düstern Thurms Gemäuern.

Casella zeigt sich: „Was steht zu Gebot?" —
„Weicht, kühne Helden, unsrer Uebermacht!
Ergebt euch! Kampf ist nur gewisser Tod!"

Der Capitain, wie er so grimmig lacht!
„Gewisser Tod? Wem ist der Tod gewiß?
Euch oder uns? Wir wagen schon die Schlacht!

„Doch nicht bin ich des Friedens Hinderniß.
Geduldet euch nur wenige Sekunden,
Bis sich der Kriegsrath eines Spruch's befliß."

Dem Blick des Fremden ist er bald entschwunden,
Der graue Trotzkopf, wie um der Genossen,
Der Waffenbrüder Willen zu erkunden.

Dann kehrt er wieder. „Hört, was wir beschlossen,
Und wißt, unwandelbar ist der Bescheid
Und Einem festen Willen nur entflossen:

„Der Thurm wird euer ohne weitern Streit,
Wenn ihr mit Wehr und kriegerischen Ehren
Die Mannschaft ziehn zu lassen seid bereit.

8

„Und dann noch Ein unweigerlich Begehren:
Was sie nicht selbst vermöchte fortzubringen,
Dazu sollt ihr die Mittel auch gewähren.

„Nichts weiter werdet ihr von uns erzwingen.
Thut, was ihr wollt; es steht bei euch die Wahl,
Ob unsre Kugeln wiederum euch singen!"

Der Lieutnant stutzt und eilt zum General,
Kehrt aber bald zurück als Friedensbote,
Und Wagen führt er mit in großer Zahl;

Doch als der Held von ächtem Korn und Schrote,
Casella, sich am Thore zeigt' allein,
Der Einz'ge, der das Frankenheer bedrohte:

Wie wetterte der Offizier darein
Und zückte blitzesschnell bereits den Degen —
Da sprengte her der General: „Halt' ein!

„Hochherz'ger Graukopf, tollkühn und verwegen,
Dir werd' ein Lohn, den Andre nicht gewannen:
Dich schützt mein Wort — zieh' ab mit Gottes Segen!"

Der Corse grüßt und schreitet stolz von dannen.

Die Rosen tragen Dornen.

Wen süße Minne zu Gaste lädt
Gar heimlich und verstohlen,
Daß der sein seliges Glück nicht verräth,
Sei Schweigen ihm, Schweigen empfohlen,
Denn die Rosen, sie tragen Dornen.

Es hausen Corsaren im Grafenschloß
Und rauben die fürstliche Habe,
Doch entfloh mit der Gräfin auf schnellem Roß
Ihr schönster Edelknabe —
Die Rosen, sie tragen Dornen.

Sie flohen wohl in den Wald mit Hast,
Da ward es ihnen so eigen,
Sie waren ja jung, sie hielten Rast —
Und der Wald, der wird doch schweigen?
Die Rosen, sie tragen Dornen.

Der rauschende Wald verrieth es nicht,
Thät's nimmer offenbaren,
Doch der schöne Page vermied es nicht,
Er konnte sein Glück nicht bewahren —
Und die Rosen, sie tragen Dornen.

„O folge mir wieder zur Nacht in den Wald,
Geliebter, und laß uns kosen,
Wo jüngst uns der Nachtigall Lied geschallt,
Wo so dicht und so duftig die Rosen —"
Ach, die Rosen, sie tragen Dornen!

Am Morgen, da schwieg der Wald ringsum
Und alle Vögel schwiegen:
Sie sahen den Knaben starr und stumm
In seinem Blute liegen,
Denn die Rosen tragen Dornen.

Aus dem Studentenleben.

Die Nacht war schön. Des Mondlichts helle Schleier
Umflorten leicht das weitgedehnte Thal
Und spielten um des Waldgebirges Gipfel.
Die Stadt, die sich am kleinen Flusse drunten
Mit ihren Thürmen dunkel zeichnete
Und noch vor wenig Stunden lauten Schwall
Des Marktgewühles in die Lüfte sandte,
Lag wie im Zauberbann, wie ausgestorben.
Nur wo auf halber Höh' des Waldgebirges
Ein freundlich Haus mit grünem Kranze weit
In's Land auslugend stand, hoch überdacht
Von mächtiger Kastanien dunkeln Wipfeln,
Saß in geräumiger Laube noch ein Kreis
Beglückter Menschen, fröhlicher Studenten.
Vor ihnen auf dem Tische funkelte
Die Fluth des Weins in blanken Gläsern freundlich.
Das Mondlicht stahl sich durch die Rebenblätter
Und schimmerte im Weine oder schmiegte
Sich an die jugendlichen Wangen, die
Vom Weihekuß der Kraft erglüheten.

Gesang ertönte hell in's Thal hinaus,
Das träumend still zu ihren Füßen lag:
Von Liebe sangen sie und Freundschaft und
Vom Vaterland, bei dessen Namen Allen
In mächt'gern Wellen kühn das Herz aufwogte.
Nach eines solchen Liedes Schluß war wieder
Ein Augenblick des Schweigens eingetreten,
Da hob der Freunde einer sich vom Sitz,
Und ernst gestimmt ergriff er so das Wort:

„Durch unsre Adern fluthet Kraft des Lebens,
Das Heute träuft der Freude goldne Funken
Uns in die hellen, morgenfrischen Seelen,
Und uns verheißt die Zukunft neues Glück —
Wir sind, wir kosten, Brüder, und wir hoffen!
Laßt uns des Einen denken, welcher jüngst
Noch war, mit uns noch Eine Seele war,
Deß Hoffen, Sehnen, Trachten ihn mit uns
Zum schönen Bund vereinte! — Jenes Freundes,
Den hin wir trugen, woher Niemand kehrt,
Der uns entrissen ward vom Tisch des Lebens,
Wo uns die Purpurfrüchte freundlich winken.
Kein Feuerwein wird seine Lippe netzen,
Kein Kuß hinfort auf seiner Wange brennen.
Folgt mir! In dieser heil'gen Stunde wollen
Sein Grab wir suchen, einen Trunk ihm bringen
Und unsrer treuen Freundschaft Schwur erneuern!"

Verstummt war aller Scherz. Mit ernstem Schweigen
Erhob sich Jeder. Arm in Arm dann schritten
Vom Berg hinunter sie in's Dämmerthal
Auf dichtumbuschten Pfaden, immer näher
Der Stadt...... Da lag der stille Friedhof endlich
Vor ihnen mit den Kreuzen und den Steinen
In langen Reihen zwischen üppigen Blumen,
Die so viel' Quellen waren süßer Düfte;
In einem Busche sang die Nachtigall
In klagenden, lang hingezognen Tönen.

Der niedre Zaun ward überstiegen, und
Bald hielt der Zug vor einem frischen Hügel,
Wo noch ein Kranz mit weißen Bändern lag,
Der einz'ge Schmuck, das letzte Liebeszeichen.
In jeder Rechten funkelte ein Becher
Voll klaren Weins. Da hub' der Führer an:

„So oft, du abgeschiedner Freund, hast du
In unserm Kreis des Bechers Labetrunk
Gekostet und mit Scherz und heitrer Laune
Die Seelen uns erquickt; wir können dich
Nicht letzen, aber eine Opferschale —
Des Danks, der Freundschaft heiliger Tribut —
Sei ausgegossen über diesem Hügel,
Der, was so theuer uns gewesen, birgt,
Der uns ein gottgeweihter Altar sei!"

Und seinen Becher hob der Jüngling; wie
Ein Hohepriester goß er dann die Fluth,
Die perlend helle, auf das Grab des Freundes,
Indeß der Mond am hochgewölbten Himmel —
Der Ampel eines Tempels gleich — sein sanftes,
Sein friedevolles Strahlenlicht verströmte.
Die Andern aber leerten ihre Becher
Und stimmten an das Lieblingslied des Todten,
Und: „Integer vitae" klang's mit frischen Stimmen
Volltönend durch die stille Nacht. Dann reichten
Einander sie die Händ' und blickten treu
Sich an. Für die Gefühle, welche da
Die jungen Herzen schwellten, war zu klein
Die Erde und nicht groß genug der Himmel.

Cairo.

I.

Stolzeste von allen Städten
Mit den tausend Minaretten
Deiner schimmernden Moscheen,
Prächt'ges Masr=el=Kahera:
Sultana des Orientes,
Staunend Aller Mund bekennt es,
Wie kein Aug', das dich gesehen,
Je ein größres Wunder sah.

Drunten von des Nils Gestaden,
Wo die Flotte, reichbeladen,
Gruß der fernen Wasserfälle
Und des Delta Schätze beut,
Folgt unzählbar Gass' auf Gasse
Bis hinan zur dunkeln Masse
Der gewalt'gen Citadelle,
Die auf dem Mokattam dräut.

Welch ein Treiben, welch ein Drängen
In den Gassen, in den Gängen,
In den lockenden Bazaren,
In den Bädern, üppig, kühl!
Waarenpreisend stehen Juden
Und Armenier bei den Buden,
Schnell ziehn, hoch auf Dromedaren,
Araber durch's Marktgewühl.

Hier des heißen Südens Kinder:
Braun und gluthenaugig Inder,
Von Dafur des Pascha Neger,
Sklaven aus dem Kordofan;
Dort die blonden und die blanken
Vielgeschäft'gen Giaurs, die Franken,
Die sich gern die Welt mit reger
Thatkraft machten unterthan.

Draußen Gärten rings voll Wonnen!
Plätschernd springen Silberbronnen,
Blüthen duften, Palmen wehen —
Präct'ges Masr=el=Kahera:
Sultana des Orientes,
Staunend Aller Mund bekennt es,
Wie kein Aug', das dich gesehen,
Je ein größres Wunder sah.

II.

Ist der Sonnenball geschieden,
Wo bei grauen Pyramiden
Halbversenkt im Wüstensande
Steinern starrt die Riesensphinr,
Gleiten Barken hin und wieder
Auf dem breiten Nil, und Lieder
Trägt die weiche Luft zum Strande,
Spendet sanfte Kühlung rings.

Doch wenn nun das Licht verglommen
Und die stillen Stunden kommen
Und von hohen Minaretten
Tönt der Ruf der Muezzin:
Leis dann rauscht des Stromes Welle,
Und es regt in Sternenhelle
Sich auf hundert Trümmerstätten
Weit an beiden Ufern hin.

Und in mächt'gen Säulenhallen,
Halb verschüttet, halb verfallen,
Da beginnt ein seltsam Leben,
Und es lauscht die Dämmernacht;
Aus den Tempeln und Pylonen
Schreiten ernste Pharaonen,
Feierlich geschaart durchschweben
Priester die Ruinen sacht.

Und es tönt zu dir herüber
Aus der Wüste dort ein trüber
Geistersang wie heimlich Weinen,
Schlummernd Masr-el-Kahera:
„Völker kommen, Völker gehen;
Nichts, was lebet, soll bestehen;
Glück ist Wahn und Sein ist Scheinen,
Räthsel Alles, was geschah!"

Doch verhallen und verschwimmen
Leise klagend bald die Stimmen
Aus den Reih'n der Pharaonen,
Und es waltet Schweigen rings;
Still und todt wird's in den Trümmern,
Und der Frühe Strahlen schimmern
Von des Ostens Felsenkronen
Um das Haupt der Riesensphinx.

Bunte Blätter.

Schicksal.

Mächtig strebet der Aar wolkenhinan und kämpft,
Ringt mit trotziger Kraft, will zu der Sonn' empor,
    Die mit seligen Strahlen
        Ihm verheißend in's Herz geblickt.

Kühn zu wagen, wie schön! Schwellender wogt die Brust,
Wenn beharrlichem Muth endlich der Sieg gelang,
    Wenn die Zweige des Lorbers
        Kühlung fächeln der heißen Stirn;

Doch nur Wenigen ward solch ein erhabner Preis!
Sagt, was feurigste Kraft, heiligster Ernst vermag,
    Lenkt nicht heimlicher Fäden
        Tausend gnädig ein mild Geschick?

Den umjubelt die Welt, welchen empor es trug,
Denkt Unzähliger nicht, die's in die Tiefe zog;
    Statt des ehrenden Schmuckes
        Ward, wie Vielen! ein Dornenkranz!

———————

*

An meine Mutter.

Que es la vida?

Calderon.

Es ruht ein Fluch auf allem Erdenleben,
Sei's auch von Himmelsschönheit angehaucht.
Wie hell der Thau am Blüthenkelch mag beben,
Es kommt der Strahl doch, der die Perle saugt;
Des Morgens Purpurwolke muß verschweben,
Die Gluth erlischt, darin sie sich getaucht,
Und möge noch so hold die Blume prangen —
Ach, über Nacht ist sie verwelkt, vergangen.

Nichts bleibt von Allem, Nichts dir dauernd eigen;
Es herrschet ein allmächtiges Gebot,
Vor dem sich Jeder muß in Demuth neigen,
Ob König er, ob frohnender Helot.
Soll ich dir sagen, soll ich dir verschweigen,
Was jedes holde Dasein hier bedroht?
Die Lippe bebt, das Wort erstarrt im Munde,
Du schauderst leis, o Herz, im tiefsten Grunde.

Was dein du nennst in liebendem Umfangen,
Dein höchstes Glück — weißt du, wie lang' es währt?
Verbergen jene Blumen dir nicht Schlangen?
Dräut, wo du schwelgst, nicht ein Damoklesschwert?
Ein Augenblick — die Wonnen sind vergangen,
Der Traum entfloh, die Gluth hat sich verzehrt,
Und du stehst einsam, und was du erlesen
Zu Trost und Labe dir, es ist g e w e s e n.

Ach, könnt' ich Eines doch, nur Eines retten
Vor Grabesnacht, vor jähem Untergang!
Forsch', o mein Geist, nach heil'gen Zufluchtstätten,
Von wo der Tod sich nicht Tribut erzwang;
Denn ein Asyl vor seinen Sclavenketten,
Ein Reich, wohin sein Herrscherwort nicht drang,
Auf Erden muß sich finden doch ein Hafen,
Wo des Verderbens grause Stürme schlafen.

Forsch', o mein Geist! Es lenkt nach trauten Stellen
Das Herz indeß, von jeder Last befreit,
Den Schwanenfittig, den gedankenschnellen!
Es ist der Lieb' und Freundschaft nur geweiht.
Von den Gestalten mag's, den freundlich hellen,
Die mir begegnet sind in Lust und Leid,
Die lichteste, die liebste sich erküren,
Sie der Gewalt des Todes zu entführen.....

9

Da bist du, Freund, herzlieber Weggenosse!
Sei mir gegrüßt, lang' hab' ich dich entbehrt!
Du schirrtest oft des Scherzes muntre Rosse,
Den Weg zu kürzen, ward er uns erschwert;
Du schütztest mich vor feilem Bubentrosse,
Gott lohne dir's — du bist und bleibst bewährt,
In Freud' und Leid derselbe: wahr und bieder
Und reichst die Hand mit warmem Druck mir wieder.

Frisch wie der Morgen lächeln deine Züge,
Dein Aug' ist wie der Bergsee tief und klar.
Wenn dich mit rauher Faust der Tod zerschlüge,
Du Edelstein, ich wäre Trostes bar!
O daß ich einen Ort für dich erfrüge,
An welchem dir nicht drohete Gefahr!
Wo nicht, so würd' ich sel'gen Tod erwerben,
Dürft' ich nur vor dir, dürft' ich für dich sterben....

Nun aber nahest du dich, Anmuthreiche.
Wie pulst mein Blut, wie pocht's im Busen laut!
Nach Bildern such' ich, denen ich vergleiche
Die Reize, die entzückt mein Auge schaut;
Doch scheint's, als wenn ein jedes zag entweiche
Vor deiner Schönheit, o du junge Braut:
So wenig wie der Seele tiefste Qualen
Kann höchstes Glück die arme Sprache malen.

Und du sollst —? Nein, ich mag's nicht sagen, denken!
O richt' auf mich dein dunkelglänzend Aug'
Und laß zum Kuß sich Lipp' auf Lippe senken!
Der Purpurmund mit solchem Lebenshauch,
Die Blicke, die mit solcher Gluth mich tränken,
Die müßten auch vergehn? Die müßten's auch?
So viele Schönheit, und dem Tod zum Spotte,
Drob hadr' ich ewig mit dem ew'gen Gotte!...

Zur alten Heimath trägt's mich auf den Flügeln
Der Sehnsucht hin — wie winket sie so traut!
Des Herzens Ungestüm, wer möcht' ihn zügeln,
Erschallt der Kindheit Ruf wie Glockenlaut,
Schweift wiederum das Aug' auf See'n und Hügeln,
Die's in der Jugend Maienglanz geschaut!
Ach, mag das Erdenrund dein Fuß durchmessen,
Doch wird das Herz der Heimath nie vergessen.

Dich, Heimath, segn' ich hier in dieser Ferne!
Aus deinem Schooß trieb's mich als Jüngling fort —
Du bist dem Manne noch auf unserm Sterne,
Du bist und bleibst mir noch der liebste Ort,
Wo ich vom Pilgern rastete so gerne
Dereinst im stillen letzten Ruheport.
Hier war's, wo mir zuerst die Liebe blühte,
Wo mir zuerst ein Herz entgegenglühte.

Das war, bevor zum Leben ich geboren,
Bevor mein Auge sah des Himmels Licht,
Und diese Liebe blüht noch, unverloren,
Aufhöret mir zu glühn dies Herz noch nicht;
Drum hab' ich ihm auch Treue zugeschworen
Und will sie halten, bis mein Auge bricht,
Und will der Welt in meinen schönsten Weisen
Den theuren, heil'gen Namen „Mutter" preisen.

Nichts wird dich, Liebenswertheste, verwischen
Aus meines Herzens lichtem Bildersaal!
Die Jahre flohn; du altertest inzwischen;
Durft' ich umarmen dich ein seltnes Mal,
Sah ich den Winter seine Farben mischen
Auf deinem Haupt im stillen Abendstrahl.
Was thut's? Dein liebes Antlitz mit den Falten,
Es wirkt auf mich mit zaubrischen Gewalten.

O Mutterherz, du wunderbarer Bronnen,
Du bist erfunden unerschöpflich reich:
Im Weltenraum, bis an die fernsten Sonnen,
Was wäre dir an Liebesfülle gleich?
O Mutterherz, du hast den Preis gewonnen!
Gedenk' ich dein, wird das Gemüth mir weich,
Dann muß des ernsten Mannes Thräne fließen —
Dich möcht' er ewig in die Arme schließen!

Forsch', o mein Geist, nach heil'gen Zufluchtsstätten,
Von wo der Tod sich nicht Tribut erzwang,
Daß, wenn ich dort ein Köstliches darf retten
Vor Grabesnacht und jähem Untergang,
Auf Blumen ich die Mutter möge betten,
Die jung an meiner Wiege Lieder sang
Und zitternd noch erhebt die alten Hände,
Dem fernen Sohn zu frommer Segenspende!

Umsonst, umsonst! Es ist dem Tod verfallen
Und wird dereinst unweigerlich sein Raub,
Was Alles hier auf Erden möge wallen,
Denn was von Staub, soll wieder werden Staub.
Umsonst, umsonst! Den Ruf hör' ich verhallen;
Die Gottheit bleibt bei meinen Bitten taub —:
Kein Eiland ist im weiten Oceane,
Wo nicht der Tod schwingt seine Siegesfahne.

Nun, Dank dem Himmel, daß ich dich noch habe,
Du süße Mutter, daß du noch bist mein!
Laß denn, bevor du schläfst im kühlen Grabe,
Dir jetzt schon Sohneslieb' ein Denkmal weihn.
Hier ist es, von der Dichtkunst Zauberstabe,
So schön, als wär's von Erzen oder Stein;
Denn was die Welt auch fände dran zu tadeln,
Dein Name wird in Ewigkeit es adeln.

Flieg' aus, mein Lied, und magst du Kunde bringen
Von dem, was meine Brust so tief bewegt!
Flieg' aus, mein Lied, und magst du lieblich klingen,
So lang' ein Kindesherz der Mutter schlägt
Und noch auf der Gebete mächt'gen Schwingen
Des Dankes Gluth zum Throne Gottes trägt!
Mag auch die Herrlichkeit der Welt verwehen,
Die Mutter soll im Buch des Lebens stehen!

Lehren des Lenzes.

Berausche dich im Duft der Rose,
Im Farbenglanz der Blüthen all,
Und waldumschattet schwelg' im Moose
Beim süßen Sang der Nachtigall,
Denn Tage kommen, sonnenlose,
Ach, Tage ohne Duftgekose
Und wonnereichen Liederschall.

Laß nur dem Wind die braunen Locken,
O laß ihm sie zu Spiel und Scherz!
Der jetzt verstreut der Blüthen Flocken,
Treibt Flocken Schnee's bald erdenwärts;
Zur Freude rufen heut' die Glocken,
Bei deren Grabgeläut erschrocken
Dein Herz wohl morgen bebt in Schmerz.

Du bist ja Herr nur dieser Stunde
Und weißt nicht, was die nächste droht;
Drum, was dir blühet in der Runde,
O pflück' es vor dem Abendroth!
Und daß dein Wesen ganz gesunde,
O neige, Freund, dich schnell dem Munde,
Der lächelnd dir zum Kuß sich bot!

Die Schwalbe.

Ei, du schelmischer, nichtsnutzer
Allerliebster kleiner Stutzer,
Schwälbchen mit der weißen Weste,
Schwarzem Frack und rother Binde
Sprich, zu welchem frohen Feste
Schwingst du dich im Morgenwinde?

„Bin vom König Lenz gebeten
Mit zu seinen Krönungsfeten,
Darum hab' ich es so eilig
Und bin nobel, wie's gebührlich —
Etikette ist mir heilig;
Freundchen, dir doch auch natürlich!

„Willst du mit? Kein Wenn und Aber!
Sieh, schon sind die Kandelaber
Der Kastanien angezündet
Und vernimm, welch ein Orchester
Den Beginn des Fest's verkündet!
Willst du mit? O komm' doch, Bester!

„Ach, der Lenz ist ein gar frommer,
Güt'ger Herr, gleichwie der Sommer,
Doch dem Herbst schlag' ich die Schnippe.
Spricht der unwirsch! Spricht der herrisch!
Tobt um Haus und Wald und Klippe
Wüst und toll, als wär' er närrisch!

„Drum beim Lenz und Sommer weil' ich,
Doch zum warmen Süden eil' ich,
Regt ein Hauch sich des Unholden.
Alle Welt! Den Tanz begannen
Falter schon um Blüthendolden!
Freund, leb' wohl! Ich muß von dannen!"

Jagdlied.

Es klingen die Hörner so hell durch den Wald,
Das Echo giebt's wieder viel tausendfalt;
    Halli, halloh!
    Das jauchzet so froh,
Doch zitternd das schüchterne Wild entfloh.

Mit bellenden Rüden, auf schnaubendem Roß
Braus't her wie ein Wetter der Jäger Troß.
    Halloh, halli!
    Vorüber sind sie,
So schwindet das Leben, du weißt nicht wie.

Das Leben ist auch eine lustige Jagd,
Das Glück zu erhaschen bei Tag und Nacht.
    Halli, halloh!
    Wenn's auch uns entfloh,
Was gilt's, wir ereilen's noch irgendwo!

———

Das stille Haus.

Ich kenn' ein Haus, das liegt in tiefem Thale,
Es wird umspielt von keinem Sonnenstrahle,
Und ew'ge Schatten schließen's ein;
Kein Fenster ladt den Gast hinaus zu schauen,
Es hat kein Sims, wo fromme Schwalben bauen,
Und nur ein Zimmer, eng und klein.

Leer sind und kahl die Wände des Gemaches,
Es dringt herab vom Blumenflor des Daches
Kein Farbenglanz, kein holder Duft;
Da hört man nicht der Kirchenglocken Klingen,
Des Lenzes leichtbeschwingte Sänger bringen
Kein Lied in diese Kerkerluft.

Und doch! — Es liegt so still und abgeschieden!
Das Haus beherrscht ein wunderbarer Frieden,
Und jeder Sturm vertoset fern.
Es läßt sich in den engbescheidnen Räumen
Recht ungestört von weiten Himmeln träumen
Und von dem Paradies des Herrn.

Vor kleinen Leiden und vor großen Sorgen
Der Erdenwelt ist Jeder hier geborgen,
Dies Haus ist ein geweiht Asyl;
Und wen die herbsten Wetterstürme trafen:
In diesem Hafen lassen sie ihn schlafen,
Wie auf dem weichsten Rosenpfühl.

Ach, hierher sehnen sie sich, all' die Müden,
Die gern des Wahns, der Thorheit sich entlüden,
Zu rasten nach der Pilgerfahrt;
Nur die vom bunten Scheine Nimmersatten
Gedenken scheu des heil'gen Orts der Schatten,
Um ihre Götzen dicht geschaart.

Den Diener kenn' ich auch der engen Zelle;
Es ist ein ernster, schweigsamer Geselle,
Der oft sich wunderlich gebahrt.
Er klopft an jede Thür und ladt die Gäste
Und führt sie her, geschmückt zu ernstem Feste,
Ob sie noch jung, ob schon bejahrt.

Du stilles Haus, wann kömmt zu mir dein Bote?
Ist's, wenn auf meinem Haupt im Abendrothe
Des Alters Silberlocke glänzt?
Wenn ich ein trotziges Geschick bezwungen?
Wenn mir ein stolz, unsterblich Lied gelungen
Und der ersehnte Zweig mich kränzt?

Ach, oder wird er nicht mehr lange säumen?
Sei's! Dann will ich von schön'rer Zukunft träumen
In deinem sicheren Verschluß;
Denn Glück, die gleißnerische, glatte Schlange,
Das falsche Weib, bot meiner bleichen Wange
Nur selten hier der Liebe Kuß.

Knabentraum und Manneswonne.

Wie oft ersehnt' ich mir ein Thal,
    Wo klare Brünnlein gehn,
Wo, schirmend vor der Sonne Strahl,
    Die Zweige Frieden wehn,
Wo still ein Tag den andern grüßt,
    Von gleicher Lust verschönt,
Und nicht mit Stimmen wirr und wüst
    Des Lebens Brandung tönt!

Wenn mir alsdann der heitre Traum
    Des Daseins dort zerfloß,
Wie Abends fern am Himmelssaum
    Ein goldnes Wolkenschloß,
Wie unterm Laube tief im Wald
    Ein süßer Vogelsang,
Und wie auf nachtbedeckter Hald'
    Ein irrender Glockenklang:

Dann — wähnt' ich — sei des Glückes Preis,
　　Der Loose schönstes mein,
Und zu der Gottheit fleht' ich leis,
　　So günstig mir zu sein,
Mir zwischen Morgen= und Abendroth
　　Zu senden so lichten Tag,
Nach stillem Leben stillen Tod,
　　Ein Grab im Blüthenhag.....

Zurückgelassen im Vaterhaus
　　Liegt fern die Zeit — es war,
Als glatt die Wang', als blond und kraus
　　Um die Stirn mir flog das Haar;
Es war, als blöde noch mein Aug',
　　Zu schwach mein Arm zur Schlacht,
Als noch kein frischer Schöpferhauch
　　Den Muth in mir entfacht.

Da trat ich hinaus in die kreisende Welt,
　　Wo mich pulsendes Leben umfing,
Wo die Geister, vom Sturme der Thatlust geschnellt,
　　Umjagen der Erde Ring,
Wo Wetten und Wagen, Gewinn und Verlust
　　Und ewiger Kampf und Streit
Mit gewaltiger Kraft erfüllen die Brust
　　Und machen die Herzen weit.

Und ich setzte den Fuß in das schwankende Boot
 Und trieb's durch die Brandung hinaus,
Und ich liebte Gefahr und ich herzte die Noth
 Und sang in der Stürme Gebraus;
Dann wieder erklomm ich die schwindelnden Höh'n,
 Die einsam der Aar nur umkreis't,
Und trotzte mit Lachen dem schnaubenden Föhn,
 Der zu Thale Lawinen reißt.

O Wonne, zu wirken im wilden Gewühl,
 Im mächtigen Strudel der Zeit!
Statt träge zu rasten auf üppigem Pfühl,
 Aufjauchzend zu gehn in den Streit!
Dem Weibe das Haus, dem Kinde das Spiel,
 Dem Manne die Welt und die That —
Der ringet fürwahr um ein heiliges Ziel,
 Der sitzt mit den Göttern zu Rath!

Der Dichter.

Wenn ächter Weihe hehrer Kuß
Den Dichter heiß durchlodert,
Folgt er entzückt dem Genius,
Wohin sein Ruf es fodert.
Beim Klang der goldnen Saiten
Wird ihm die Seele fessellos,
Und leichtbeschwingt und kühn und groß
Durchschweift er alle Weiten.

Kein Blumenkelch im Frühlingsrund,
Aus dem er Duft nicht schlürfte;
Kein wundersüßer Mädchenmund,
Der ihm sich weigern dürfte;
Ihm ist, es zu durchschauen,
Zu still kein Herz, kein Thal zu fern,
Er ist daheim auf jedem Stern
Der dunkeln Himmelsauen.

Wenn sich verfolgt die Tugend sieht
Und weint, in Nacht verborgen,
Dann tönt verheißungsvoll sein Lied,
Und rosig strahlt der Morgen;
Doch wo im Weltgetriebe
Das Laster thront und frech sich spreizt,
Da singt, zu edlem Zorn gereizt,
Der Dichter Geißelhiebe.

Wie arm er sei, durch sein Gedicht
Kann er wie Krösus lohnen,
Wenn er dem Kronenträger flicht
Die schönste aller Kronen;
Doch zittern die Tyrannen,
Dröhnt durch die Welt sein Freiheitslied:
Auf steht das Volk, der Scherge flieht,
Der Henker muß von dannen!

Der Dichter wägt der Welt Geschick
Mit seines Liedes Tönen,
Und eine Welt beherrscht sein Blick,
Die Welt des Ewig-Schönen.
Nicht buhlt er um der Menge,
Nicht buhlt er um der Fürsten Gunst:
Frei wie ein Gott übt er die Kunst,
Die freie der Gesänge.

Trost.

Was willst du, Herz, betrauern,
Daß alle Freude flieht
Und länger nie mag dauern,
Als ein verhallend Lied?

Als jene kleinen Ringe,
Die beim Vorüberflug
Der Möve leichte Schwinge
Im Wasserspiegel schlug?

Daß Wogen gleich zerstiebe
Und wie im März der Schnee
Die Wonne sel'ger Liebe,
Der Freundschaft Glück zergeh'?

Mein Herz, was soll dein Bangen,
Dein Trauern was, mein Herz?
Wie Glück und Glanz vergangen,
Vergehn auch Leid und Schmerz.

Der Trost sei dir zu Theile:
Da Nichts auf Erden währt,
Ist, Herz, nach einer Weile
Auch jeder Schmerz verjährt.

Wo deine Thränen fließen,
Mag's über kurz geschehn,
Daß junge Rosen sprießen
Und voll in Blüthen stehn.

Und decken sie auch Grüfte
Mit ihren Zweigen zu:
Im Hauch der süßen Düfte,
Mein Herz, vergissest du.

Frühlingsturm.

Sie war schon am Vertrauern,
Die nachtumstarrte Flur,
Als es in mächt'gen Schauern
Wie Schlachtruf sie durchfuhr:
O Frühlingssturm, du Wecker
Und Retter einer Welt,
Dein Kampflied war's, du kecker,
Du ritterlicher Held!

Der Erde Thränenschleier,
Du schlugest ihn beiseit,
Und Alles athmet freier,
Auflebend weit und breit.
Du hast des Winters Schergen
Bewältigt — Eis und Schnee;
Nun grünt's in Thal und Bergen,
Nun wallt und wogt die See.

Und naht dein Zug vom Meere,
Dem jede Fessel borst,
Wie siegsgewisser Heere
Ansturz durchbröhnt's den Forst;
Dann splittern morsche Aeste,
Sprießt frisches Zweiggeflecht:
Dem Tode giebst du Feste
Und zeugst ein neu Geschlecht.

Dank deinem Kampfgeläute,
Dank deinem Schlachtenmuth,
Der allerorten heute
Begeistert Wunder thut!
Nun, Frühlingssturm, bezwinge
Dein allgewalt'ger Hauch,
Daß neuen Geist er bringe,
Die Welt der Herzen auch!

So brause durch die Lande
Wildschön und stolz daher
Und bringe jedem Stande
Der bessern Zeit Gewähr,
Und deine Toppelgänger
Erhalte kühngemuth,
Der Geistesketten Sprenger,
Die Sänger treu und gut.

Mittagsruhe im Walde.

Schlummerstille
Rings im Wald!
Nur der Grille
Zirpen hallt;
Sonst kein Rauschen,
Sonst kein Klang,
Mag ich lauschen
Noch so lang'.

Doch die Kühle
Lockt den Gast
Aus der Schwüle,
Aus dem Glast,
Rast zu halten
Hier im Moos,
In der alten
Buchen Schooß.

Schweift, Gedanken,
Wie ein Strom
Durch den schlanken
Grünen Dom!
Ach, als Sage
Kehrt zurück
Ferner Tage
Süßes Glück.

In der jungen
Mädchen Schwarm
Ging's, verschlungen
Arm in Arm,
Einst mit Andern
Hier durch's Grün —
Welch ein Wandern,
Keck und kühn!

Leicht die Herzen,
Leicht der Fuß!
Heitres Scherzen,
Gegengruß!
Alles lachte,
Alles sang;
Das erwachte
Echo klang.

Rief ein Mündchen:
„Was zu thun,
Wenn ein Stündchen
Bliebe?" — Nun,
Auf das „Bliebe"
Scholl's vom Thal:
„Liebe! Liebe!"
Tausend Mal.

Alte Träume
Zaubert jung
Dieser Räume
Dämmerung;
Tiefstes Sehnen,
Höchste Lust,
Selig dehnen
Sie die Brust......

Schlummerstille
Rings im Wald!
Nur der Grille
Zirpen hallt.
Klagst du, kleine
Sängerin?
Ist auch deine
Lust dahin?

Die Haide.

Wenn du willst weinen, flieh' hinaus
Nicht in des Waldes grünes Haus,
Wo Wipfel rauschen, Vögel singen
Und froh von Zweig zu Zweig sich schwingen.

Wenn du willst weinen, fliehe nicht
In's Feld, wo Blumen sprießen dicht,
Wo golden wallen Aehrenwogen,
Von Bien' und Schmetterling umflogen.

Wenn du willst weinen, o, dann geh',
Trag' in die Einsamkeit dein Weh;
Dich hinzugeben tiefstem Leide,
Flieh' in die stumme, düstre Haide.

Hier braus't der Sturmwind ungehemmt:
Hier sind des Lebens Laute fremd;
Hier trauern, roth im Abendstrahle,
Uralt vergeßne Hünenmale.

Hier rauscht kein Quell, hier grünt kein Baum,
Das Lerchlein droben hörst du kaum —:
Im Haidekraut bei Gräbersteinen
Magst du verlornes Glück beweinen.

Nach dem Gewitter.

Fern vertos't das Wetter,
Eine wilde Schlacht;
Durch der Wipfel Blätter
Rauscht der Wind noch sacht:
Wunderbare Kühle,
Friedensseligkeit
Nach so banger Schwüle,
Nach so grausem Streit!

Die zerstreute Herde
Kehrt zur Hut zurück,
Wieder blüht die Erde
Wie in Jugendglück,
Denn es strahlt auf's Neue
Durch der Wolken Schicht
Klare Himmelsbläue,
Goldnes Sonnenlicht.

Und so mag's auch kommen,
Unruhvolles Herz,
Daß dir Leiden frommen
Und dir dient der Schmerz.
Blick' empor, durch Thränen
Lächelnd wie dies Land,
Gieb mit Wunsch und Plänen
Dich in Gottes Hand.

Abendruhe.

Bald wird der Tag sich neigen
Und stiller liegt das Thal,
Schon träumet auf den Zweigen
Der Sonne müder Strahl.

Die goldnen Lichter funkeln
Und blitzen durch's Geäst,
Doch will's im Wald schon dunkeln,
Der Vogel schläft im Nest.

Und Abendglockenklänge
Ertönen fernher sacht
Wie heilige Gesänge
Voll wunderbarer Macht.

Die Welt scheint rings zu lauschen,
Und durch das Schweigen geht
Nur heimlich Quellenrauschen,
Als wär's ein fromm Gebet.

Kein Laut sonst. An den Ranken
Nicht regt sich's, nicht am Strauch,
Kein Blättchen seh' ich schwanken,
Ich spüre keinen Hauch.

Mein Herz, das der Beschwerden,
Des Grames gern vergißt,
Gestehe, daß auf Erden
Auch schon ein Himmel ist!

Abend.

Wie der Abend Rosen streut
Mit dem letzten Scheidestrahle!
Friedvoll hallt ein fern Geläut
Durch die dämmerstillen Thale.

Und auf meines Herzens Flur,
Wo den Blick ich schweifen lasse,
Frieden find' auch dort ich nur —
Nicht ein Plätzchen blieb dem Hasse.

Frieden in mir, um mich her —
Was noch bliebe zu erwerben?
Nur Ein Wunsch erwacht mir, der:
Einst einmal auch so zu sterben.

Im Gebirge.

Kein Blättchen regt sich in den Wipfeln,
Im ganzen Wald kein Vogellied,
Und schlummerstill ist's von den Gipfeln
Bis drunten in des Thales Ried.

Dort kosen nur des Flusses Wellen
Mit Schilf und Uferweiden sacht,
Dort sitzt und träumt auf Hüttenschwellen
Im braunen Kleide schon die Nacht,

Indeß noch Purpurnebelflöre
Um ernste Bergeshäupter gehn,
Wo freundlich winkend Ficht' und Föhre
In's Abendroth gen Westen sehn.

Da hebet sich von ihrem Sitze
Im tiefen Thal und klimmt mit Macht
Zu mir empor zur Felsenspitze
Das wunderholde Weib, die Nacht.

Sie hüllt mich hier in Sterngewande,
Umfängt mein Herz mit sel'ger Ruh'
Und flüstert aus dem Geisterlande
Mir tausend schöne Märchen zu.

Maria's Lied.

Fern verrauscht des Tags Gewühle,
Rings verstummt die laute Lust.
Frische, wunderbare Kühle,
Wog' hernieder und umspüle
Mir die glutherfüllte Brust!

Löse lind, o Nacht, und leise,
Was mein bang' Gemüth bedrückt;
Zieh' um mich die Zauberkreise
Mit dem goldnen Blüthenreise,
Das dein Haupt so herrlich schmückt.

Laß, o laß die Schwingen rauschen,
Uebe deine sanfte Macht!
Geisterflug und Seelentauschen!
Dir, o Nacht, dir will ich lauschen,
Selig bis der Tag erwacht.

An die Nacht.

Mutter Nacht, sanft eingewiegt
Hast du nun dein Kind, die Erde,
Daß, an deine Brust geschmiegt,
Wieder es beruhigt werde.

Deine Schleier deckten's zu
Und mit deinem schönsten Liebe
Sangst du es in süße Ruh',
In sein Herz kam Gottes Friede.

Müde hatt' es sich gelärmt,
Sich gefreut an buntem Tande
Und sich um ein Nichts gehärmt
Mit gewohntem Unverstande;

Da mit deiner sanften Hand
Streiftest du des Kindes Wangen —
Und wie falsche Freude schwand,
Ist das Trauern auch vergangen.

Doch, daß morgen es, erwacht,
Täuschung wieder hascht und Wähnen,
Treues Mutterherz, o Nacht,
Das entlockt dir stille Thränen.

Auf der Erde Angesicht
Thauen deine Perlen nieder;
Ach, du weißt, dem falschen Licht
Folgt sie, kehrt der Morgen wieder.

Aber laß ihr Schein und Lust,
Fromme Nacht, dich darf's nicht stören —
Einst sinkt sie an deine Brust,
Dir auf ewig zu gehören.

Lied des Pagen.

Aus einem erzählenden Gedichte.

Ich war ein Falk, ein wilder Falk
Und maß die Welt im Flug,
Bis mich, du loser, du lieber Schalk,
Dein Blick in Fesseln schlug.

Da bin ich sanft und taubengleich
Durch dich geworden alsbald
Und sehne mich nicht in mein luftiges Reich
Und nicht in den grünen Wald.

Seh' ich dein strahlend Angesicht,
Wenn stolz mein Arm dich hält,
Begehr' ich andre Sonne nicht
Und nenne mein die Welt.

Im Süden.

I.

Schön ist er, schön der Wald in Mondesnacht,
Die ihn umfängt mit träumerischer Pracht,
Mit so geheimnißvollem Reiz umgiebt
Und stillen Schauern, wie's die Liebe liebt!
Hier lagern Schatten, wo die Zweige dichter,
Dort fallen durch die Wipfel Mondeslichter,
Im Grase zitternd oder am Gesträuche,
Als wenn sie schon ein Hauch von hinnen scheuche.
Doch wo das Farrnkraut steht mit breiten Fächern
Im tiefsten Dunkel unter Blüthendächern,
Da leuchten räthselhaft mit blauem Schein,
Gleichwie Demante funkelnd, Käferlein.
Es flüstert hier und lispelt dort so eigen
Ein Geisterhauch verstohlen in den Zweigen,
Wo Vögel rasten und im Schlummer wieder
Für's nächste Morgenroth erträumen Lieder.
Eintönig wehmuthsvollen Klanges rauscht
Indessen tief im Grund der Quell, belauscht
Von frommen Rehen nur und stillen Rosen
Und den in Treuen ewig wandellosen
Gestirnen, die am Himmel halten Wacht — —
Schön ist er, schön der Wald in Mondesnacht!....

—·— ··

II.

Jäh schreckt mich auf der Eule heisrer Schrei
In dieser zaubervollen Wüstenei,
Scheucht mich empor aus wunderbarem Traum
Und treibt mich hin zum nahen Waldessaum.
Durch thaugenäßtes Gras und Blüthenschlingen
Gelingt's mir endlich doch hindurchzubringen —:
Nun sich die letzten Zweige seitwärts biegen,
Seh' ich in märchenhafter Stille liegen
Vor mir uralt verwitterte Ruinen,
Vom untergehenden Monde matt beschienen.
Hier steht ein Bogenstück noch, kühn geschwungen,
Dort einsam, doch von Epheu dicht umschlungen,
Geborsten eine Säule, ohne Knauf
Zum sternbesäeten Himmel ragend auf. —

Einst war's die Stätte heiliger Gebräuche;
Die wüsten Trümmer, die in dem Gesträuche
Des Rosenlorbers und der Myrthe ruhn,
Umblühen Rosmarin und Cactus nun.
Kein Priester opfert hier aus goldner Schale;
Des Waldes Vögel nisten am Portale;
Es prangen Blumen auf der Säule Scheitel,
Und leise klagt der Wind: „Alles ist eitel!"
Die Götter dieses Hauses wichen andern;
Wie ihre Völker mußten sie auch wandern,
In Schutt die eignen Tempel fallen sehn
Und in des Tages Aufgang untergehn.

Ritornelle.

1.

Kosende Winde,
Was fächelt ihr die Wangen mir? Geschwinde
Eilt grüßend hin zu meinem schönen Kinde!

2.

Krokus im Garten,
Du schüchtern Frühlingskind, sei hoch willkommen,
So lang' die Rose noch läßt auf sich warten.

3.

Blühender Ginster!
Die Liebe macht goldhell das ärmste Leben;
Lieblos ist auch des Reichsten Leben finster.

4.

Hyazinthe, blühe
Und lohne lange Sorg' und treue Mühe;
Verdient doch Liebe, daß ihr Lieb' erglühe.

5.

Ich liebe die Linden,
Denn ein Symbol der Lieb' ist jedes Blättchen:
Herzförmig, hoffnungsfarben wirst du's finden.

6.

Tändelnde Schmetterlinge!
Von Blum' zu Blume trägt euch leicht die Schwinge —
Wem froh, wie euch, das Leben doch verginge!

7.

Naseweise Spatzen!
Kaum ist verstummt das Lied der Nachtigallen,
Gleich müßt ihr's frech bekritteln und beschwatzen.

8.

Singende Mücke!
Es ist dein Lied ein Lied nur der Sirenen;
Wie Liebe tönt's, doch birgt es blut'ge Tücke.

9.

Schnurrendes Kätzchen,
Behaglich kauerst du am sonn'gen Plätzchen,
Doch reckst du leis die Krallen deiner Tätzchen.

10.

Düstere Tannen!
Wozu am trüben Herbsttag dieses Rauschen?
Beklagt selbst ihr, daß schon der Lenz von dannen?

———

Herbst.

Das ist der Herbst, wenn wild einher
Die Stürme durch's Eichthal sausen,
Wenn die Wipfel wie ein empörtes Meer
Langathmig brausen und brausen.
Ha, wie das ächzet und wie das stöhnt,
Wie wenn eine Wogenschlacht ringsum dröhnt,
Als gält' es die Eichen zermalmen
    Gleich Halmen —
        Das ist der Herbst.

Das ist der Herbst, wenn Blatt um Blatt
Die Zweige sich wieder entkleiden,
Wenn lebensmüde und lebensmatt
Die Blumen von hinnen scheiden,
Wenn still sie neigen das liebliche Haupt,
Weil erkaltet das Sonnenherz, dem sie geglaubt,
Und weil's nun zu frostig auf Erden
    Will werden —
        Das ist der Herbst.

Das ist der Herbst, wenn im Gezweig
Allmählich die Lieder verstummen,
Indeß die Fluren, sonst farbenreich,
In Nebelgrau sich vermummen.
Der Rabe nur krächzet vom kahlen Baum,
Das klingt so schaurig im Waldesraum,
Wo allwärts so todt und so eigen
    Ein Schweigen —
        Das ist der Herbst.

Und das ist Herbst auch, wenn das Herz
Dir matter und matter will schlagen,
Wenn das Haupt du neigest erdenwärts,
Das einst gar stolz du getragen,
Wenn die Schwinge des Geistes kraftlos wird,
Wenn dein Muth gebrochen im Staube irrt
Und du flehst, daß der Herr das Ende
    Dir sende!
        Ja, das ist Herbst!

Rothes Laub.

Rothes Laub rauscht mir zu Füßen,
Sonst schweigt Alles um mich her
    Ahnungsschwer!
Von den wundersamen, süßen
    Waldestönen grüßen
Keine hier den Wandrer mehr.

Nun sind rings die stolzen Eichen,
Ihrer Prachtgewande bar,
    Eine Schaar
Grabesernster Königsleichen;
    Bange Seufzer schleichen,
Wo sonst lauter Jubel war.

Und von Aesten schwarz durchgittert
Steht der schmuckentblößte Wald
    Starr und kalt,
Und ein Läublein, das zerknittert
    Noch am Strauche zittert,
Raunt mir zu: „Wir folgen bald."

Nachts am Strande.

Es rauschet sacht in Busch und Ried,
Der Nachtwind harft so leise,
Und Strand entlang
Wie Geistersang
Tönt eine Flüsterweise,
Der Wellen ew'ges Zauberlied.

Schon vor Jahrhunderten klang's hier
So räthselhaft, so klagend,
Und lauschend stand
Auch da am Strand,
Wie ich, ein Jüngling fragend:
„O Well', o Wind, was kündet ihr?"

Und wenn im Zeitenstrom dahin
Geschwunden manch Jahrhundert,
Dann klingts hier noch,
Wie jetzt mir — doch,
Wer lauschet dann verwundert?
Wer fragt, wer sagt, wo ich dann bin?

Nicht Well' und Wind — du Menschenkind
Kennst Jugend nur und Alter.
Am öden Meer
Irrst du umher,
Ein wegverlorner Falter,
Dem Ew'gen taub, dem Ew'gen blind.

———————

Am Meere.

Die Möven kreischten, das Wetter war schwer,
Es zogen weit über dem tobenden Meer
Die dräuenden Wolken am Himmel daher.
Die Wellen, die Wolken, die trieb der Sturm,
Am Strande nur trotzt' ihm ein einsamer Thurm.

Wie so ich in Träumen am Ufer stand
Und die schäumenden Wogen erklommen den Strand,
Herspülend und wühlend zu Füßen im Sand,
Und am Himmel hinstob der Wolken Knäul
Und lauter sich hob des Sturmes Geheul:

Da hab' ich ein Lied vernommen, das klang
Gewaltig bald wie ein Triumphgesang,
Bald schauerlich klagend von Untergang —
Noch hör' ich im schwillenden Toben der Fluth
Den schrillenden Aufschrei erstickender Wuth;

Dann wieder erklang es mit schmeichelndem Laut,
Wie wenn dem Geliebten die glückliche Braut
Geheimnisse kosend und flüsternd vertraut;
Wie Sehnsucht, ersterbend im seligsten Tod,
Gleich dem Abendroth, das im Meere verloh't.

Ich hör' das Geschluchz' noch, ich hör' noch den Schrei
Noch klingt mir im Herzen die Melodei
Der Sehnsucht, als wenn ich verzaubert sei —
O, könnt' ich euch singen das ewige Lied,
Das mit mir hinfort durch's Leben zieht!

Doch erhöb' ich zum Sange das schüchterne Wort,
Voll Hohn nähm's der Sturm von den Lippen mir fort —
Wer leiht mir der Wogen gewalt'gen Accord?
Drum, wollt ihr ihm lauschen, an's Meer! An's Meer!
Da hallt er und schallt er von Ewigkeit her!

Mondnacht an einer Meeresbucht
der norwegischen Küste.

Wo tosende Fluthen die Felsen umbranden,
   Da bin ich gestanden,
Allein, wie auf der Welt allein,
    In der Mitternacht
    Bei des Vollmonds Schein.
   O der schaurigen Pracht:
   Hier das Schäumen und Stranden
Der Wellen tief unten in ewiger Schlacht,
Hoch droben der Wolken gespenstische Jagd —
   Mich hielt's, als ich so da gestanden,
    In magischen Banden.

Bald sangen die Wasser, hinsterbend und leise,
   So schmeichelnde Weise,
Daß Sehnsucht mir das Herz beschlich;
     Bald geheimnißvoll
     Wieder regt' es sich,
   Und von fernher erscholl,
   Wie auf donnerndem Gleise,
Gebrause, das näher und lauter stets schwoll:
Wie teuflisches Lachen, dämonischer Groll
   Klang sinneverwirrend die Weise
     Rings um mich im Kreise.

Zu Häupten mir wandernde Wolken sich ballten
   In graue Gestalten,
Gigantenhaft, phantastisch wild;
     Und ich sah sie zieh'n,
     Sah sie Bild auf Bild,
   Als wenn Flügel sie lieh'n,
   Ohne Rasten und Halten
Vorüber am glänzenden Vollmonde flieh'n,
Den bald sie verbargen, der bald sie durchschien,
   Die bleich ihn wie Geistergestalten
     Und schweigend umwalten.

Es war, als wenn zornvoll sie dräuend erstünden
Aus grausigen Gründen,
Des jüngsten Tages Schreckgesicht;
Und der Wogen Sang
Schien vom Weltgericht
Den erschütternden Klang
Der Posaunen zu künden.
So machten die Stimmen der Tiefe mir bang';
In Zweifeln und Aengsten verzagt' ich und rang:
War dort auch — wer mocht' es ergründen? —
Vergebung der Sünden?

Doch als ich die Hügel des Meeres, die feuchten,
Sah blitzen und leuchten,
Weil göttermild des Himmels Sohn
Aus den Wolken trat,
Die von hinnen floh'n
Auf dem luftigen Pfad,
Daß entsetzt sie mir däuchten:
Da hat sich der Friede, den still ich erbat,
Der Seele in tröstenden Bildern genaht,
Die schnell, wie mit himmlischem Leuchten,
Den Gram mir verscheuchten.

Lied aus dem Meere.

Wenn das schläfrige Volk auf dem Lande träumt,
Sind wir flott, wir Matrosen, wir raschen,
Ob finster die Nacht, ob die Woge schäumt,
Ob der Sturmwind braus't und die See sich bäumt
Hoch hinan, wie um Sterne zu haschen!

Hei! wir fliegen durch wogend Gebirg und Gethal,
Durch des Meeres weitgähnende Schlünde,
Wie die Möve sich schnellt durch den Wolkensaal,
Wie der zuckende, züngelnde Feuerstrahl,
Der da suchet des Erdballs Gründe.

Wir brauchen kein Roß, wir brauchen kein Rad,
Verschmäh'n auch des Dampfes Mächte
Und brauchen kein eisern Geleise als Pfad:
Uns leitet zu fernem Weltengestad'
Unsichtbarer Schienen Geflechte.

Der Sturm ist uns Freund und Freundin die Fluth,
Die liebend um uns sich bewerben,
Wenn vor der Beiden vereinigter Wuth
Dem Volk hinter Deichen erstarret das Blut
Und zu sterben es meint, zu verderben.

Auf der weiten Haid', in dem öden Moor,
Wo der Sturm jetzt breitet die Schwingen,
Da fährt erbleichend der Hüttner empor,
Denn es wanket sein Bau und es ächzet das Thor
Und es wollen die Riegel zerspringen.

Wir kennen kein Zittern, wir kennen kein Grau'n,
Wir Matrosen sind muthige Herzen!
Wir wissen dem Tod in die Augen zu schau'n —
Kein Runzeln der Stirn, kein Zucken der Brau'n,
Wir können im Sterben noch scherzen.

Und heißt es gestorben, dann sei unser Bett
Tief unten im dämmernden Sunde.
Kein düsterer Sarg uns —: Ein schmales Brett —
Hinab in das Meer dann! Ihr Brüder, Valet!
Wir scheiden mit lächelndem Munde.

Widmung der Nordlandsharfe.

1858.

An Wilhelmine von C.

Gebannt bin ich in enge Mauern,
Weit draußen liegt die schöne Welt!
Im Sonnenschein, in Frühlingsschauern
Kann ich nicht fort zu Wald und Feld.
　　Das sagt kein Lied,
　　Wie mir geschieht,
Wie Wanderdrang die Brust mir schwellt,
Wenn rings die Flur so freudig lenzt,
Und Thau auf jungen Blumen glänzt!

Den Himmel seh' ich festlich strahlen,
Die Erde schmückt sich bräutlich schön —
Wie mag's nun blühn in fernen Thalen,
Wie frisch nun wehn auf stolzen Höhn!
　　Im Wiesengrund
　　Mit Plaudermund
Wie rauscht der Quelle Lustgetön!
Wie braus't nun seinen Heldensang
Das prächt'ge Meer den Strand entlang!

Nun singt und klingt's Welt auf und nieder,
Im Feld, am trauten Waldesplatz —
Was beut für Frühlingspracht und Lieder,
Die ich versäumte, mir Ersatz?
  Ich schuf und rief,
  Wenn Alles schlief,
Und so hob ich verborgnen Schatz:
Die Ferne ward mir aufgerollt
In ächt erfundnem Liedergold.

Es kam auf mächt'ger Toneswelle,
Bald ernst und voll Melancholie,
Bald heiter und in Sonnenhelle,
Voll wundersamer Melodie.
  Ich hab' gelauscht
  Und eingetauscht
Der fremden Fluren Poesie;
Sie führte zu des Nordens Au'n
Und ließ dort Lenz und Licht mich schau'n.

Und wenn der Nordlandsharfe Saiten
Ertönen hier mit trautem Klang,
So sollen sie ein Fest bereiten,
Das ich mir still ersehnte lang':
  Du Wunderbild
  So sanft und mild,
Dir sei gesungen, was ich sang!
Dem Dichter wird's verstattet sein,
Dir — wenn nichts mehr — sein Lied zu weih'n.

Mit diesen Weisen fremder Ferne
Empfang des Sängers Huldigung,
Der wie zu seinem guten Sterne
Zu dir blickt voll Begeisterung.
    Seitdem's geschah,
    Daß dich er sah,
Hemmt er entzückt der Schritte Schwung,
Sonnt sich in deiner Augen Licht
Und sehnt sich in die Ferne nicht.

Albumblätter.

I.

Es wallt der Nebel Reigen
Und hüllt die Welt in Schweigen,
Am See dort rauscht nur falbes Ried;
Von allen, ach, von allen
Den süßen Nachtigallen
Die letzte, auch die letzte schied.

Der Wind, der schonungslose,
Zerpflückte jede Rose,
Kein einzig Blümchen weit und breit! —
Nur Hagebutten bräunen
An laubentblößten Zäunen
Als Festschmuck der Vergänglichkeit.

Dort bei den grauen Steinen
Hörst du die Quelle weinen
Im Sterbeton, der bang verhallt;
Es klagt durch kahle Reiser
Der Herbstwind leis und leiser:
„Die Jugend flieht, die Welt wird alt!"

Bald sind auch dir vergangen
Die Rosen deiner Wangen,
Die Zeit enteilt ja schnellbeschwingt;
Magst du im Herzen tragen
In deines Herbstes Tagen
Einst einen Lenz, der singt und klingt!

O, bleibe stets die Gleiche:
Ob auch die Locke bleiche,
Tiefinnen blüh' es frisch und licht!
Im Glauben jung und Hoffen
Steht dir ein Himmel offen,
Und deine Seele trauert nicht.

———

II.

Du ziehst von uns — ob wir hienieden
Uns wiedersehn? Nun, Gott mit dir!
Sei dir der reinen Seele Frieden,
Sei dir ein sonnig Glück beschieden,
Dies nimm als Lebewohl von mir!

Ich denke dein wie einer Blume,
Die einst an meinem Wege stand,
Und der es bleibt zum höchsten Ruhme,
Daß in des Herzens Heiligthume
Sich Raum für alles Schöne fand.

Und denkst du mein in stiller Stunde,
Sei's wie ein Gruß aus schöner Zeit,
Wie eine sanfte Liebeskunde,
Die du erlauscht im Waldesgrunde,
Vom Lärm des Marktes fern abseit.

Shakespeare.

Geschrieben am 23. April 1864.

Es blitzt aus grauer Vorzeit Dämmerungen
Durch die Jahrtausende in hehrer Reine
Manch schöner Stern zu uns mit hellem Scheine,
Der auch das finsterste Gewölk durchdrungen.

Die Namen sind's der Hohen, die geschwungen
Das Schwert im Kampfe wider das Gemeine,
Ob singend sie gewallt im Dichterhaine,
Ob sie auf blut'gem Feld den Feind bezwungen.

Und wenn Jahrtausende nach uns vergangen
Und Völker sind, die erst noch werden sollen,
Und Sprachen, die noch keinem Ohr erklangen,

Dann wird im hellsten Glanz, im zaubervollen,
So auch dein Name, Shakespeare, siegreich prangen
Und eine Welt dir noch Bewundrung zollen.

Friedrich Ruperti.

Heute deckt rings, winterlich silberschimmernd,
Still des Schnee's Glanzteppich der Weserlande
Flur, doch maimild ist es in mir — ich muß ja
    Deiner gedenken,

Trauter, deß liebkundige Lippe oft zwar
Froh und scherzhaft, öfter jedoch in Schwermuth
Gleich der sehnsuchtathmenden Nachtigall sang
    Klagende Rhythmen;

Dessen Herz argloser als Kindesherz war,
Treu wie Gold barg warmes Gefühl für Freundschaft,
Der voll Inbrunst alles Erhabne pries und
    Niedriges haßte.

Nur der Schönheit göttlicher Strahl war stets dir
Ideal, selbst wandeltest du unscheinbar,
Ohne Anspruch, gönntest die Kränze Andern,
    Edel und neidlos.

Wie des Maitags goldene Sonne wärmt mich
Noch der Lichtblick, welchen aus mildem Auge
Du mir einst wohlthuend gesendet — meine
    Seele erschloß sich!

Freudig sproß manch Liedchen empor im Lenzhauch;
Deine Sorgfalt schirmte die Blüthe, wenn sie
Frucht verhieß: Dank, Meister und Freund, für jede
    Köstliche Stunde!

Ruhe sanft nun unter dem schlichten Steine
Dort im Friedhof, aber mein Lied, das gütig
Du gepflegt, dir werd' es zum Kranz, der Keinen
    Würdiger schmücket!

Aus der Fremde.

Uebersetzungen.

Aus Schweden.

Der Riele.

Ich wohn' in Bergessälen,
Tief, tief im Innern,
Wohin kein Blick gedrungen
Von Odins Auge.
Die weißen Asen haß' ich
Und Askurs Söhne,
Und Jeden, der die Kniee
Vor Göttern beuget.

Gern fahr' ich hin auf Stürmen
Der Mitternächte,
Der Felder Frucht zertret' ich,
Zerbreche Kiele,
Den Wandrer leit' ich irre
Auf spätem Heimweg;
Mich freut es, wenn er schaudert
Bei meinem Lachen.

Des Tages Licht ertrag' ich,
Wie klar es scheine,
Rauscht laut nur der Walkyren
Bluthrothe Schwinge.
Wie schön, wenn Bogenschwalben
Das Heer umfliegen
Und breite Schwerter kühlen
Die Menschenherzen!

„Was rühmtest du der Unschuld
Dich, Emblas Tochter?" —
Sieh, in des Dämons Armen
Welkt hin die Blume.
„Was kämpfst du für die Heimath,
Du Nordlandsjüngling?"
Der Väter Grab verkauft er
Für's Gold, das schnöde.

Im Thale saß ein Weiser
Und lehrte Wahrheit,
So wie sie Odin redet
Durch Mimers Zunge.
Des Grüblers Aug' umgab ich
Mit leeren Dünsten —
Wie schön! Der Thor verläugnet
Die Macht Allvaters.

Des Skalden Träume hass' ich,
Walhallgebor'ne
Von Vaterland, von Göttern,
Von Ehr' und Tugend.
Den Narr'n kann ich nicht locken
Vom blauen Himmel,
Doch — mir genug! — auf Erden
Ist er verachtet.

Thor kommt mit seinem Hammer:
Ich lache seiner;
Des Felsen Helmhut setz' ich
Auf meine Stirne.
Die Heldenkraft laß kämpfen,
Die Sonne strahlen —
Unsterblich ist das Böse
Gleichwie das Gute.

Lebewohl.

Bald trennen uns nun weite Flächen,
Ach, Land und Meer, wenn fort ich zieh';
Wie zärtlich ich zu dir mag sprechen,
Mir wird doch eine Antwort nie.
Allabendlich dann fehlst du, Holde,
Die sonst ein Eden um mich schuf,'
Und wach' ich auf beim Morgengolde —
Nicht findet dich mein Liebesruf.

Sprich nicht, ich könne dein vergessen,
Wenn ich von dir, Geliebte, schied;
Du kennst den Drang, der unermessen
Mein Sein durchwebet, Wort und Lied.
Von wildem Ringen, irrem Streben
Kehrt sich mein Sinn zu dir allein;
Es ist die Welt, es ist das Leben
Mir einzig nur dein Wiederschein.

Dein Bild seh' ich im Sonnenfunkeln,
Ich hör' dein Wort im Quellenlaut,
Beim Sternenschein hast du die dunkeln
Räthsel der Nacht mir leis vertraut.
Was Schönes auf der Welt und Hehres,
Das mahnt an dich mich jederzeit —
Ich seh' dein Aug' im Blau des Meeres,
Die Lilie, sie trägt dein Kleid.

Das glaube mir: Ob wir uns trennen,
Wir bleiben doch einander nah,
Mein Herz wird ewig sein dich nennen,
Es lebt dein Bild umfriedet da.
Es lebt da sicher und verborgen
Und herrschet unumschränkt allein,
Denn Keine sonst — o, laß das Sorgen! —
Nein, Keine sonst laß ich hinein.

Wie schön die edeln, sanften Mienen
Aus seinen Tiefen auf mich sehn!
Ein selig Glück malt sich in ihnen,
Wie sie vor meinen Blicken stehn!
Harmonisch tönt in meine Ohren
Noch deiner Stimme milder Ton,
Von deinen Lippen, weltverloren,
Pflück' ich der Minne schönsten Lohn.

Leb' wohl, sei treu! — Mein Blut geronne,
Wenn meiner du vergäßest je!
Sei treu! Wenn dich wer sonst gewönne,
Mein Herz ertrüge nicht das Weh!
Du beßre Hälfte meiner Seele,
Du meines Lebens Stern und Pol,
Du, die für hier und dort ich wähle,
Ewig Geliebte, lebe wohl!

_____

Die Zugvögel.

Ihr flüchtigen Gäste am fremden Strand,
Wann kehret ihr wieder in's Vaterland?
    Wenn Brünnlein dort fließen
    Von grünender Halde
    Und Veilchen ersprießen
    Im knospenden Walde,
    Dann trägt sie der Flügel
    Zum Heimathgestad',
    Und lenkt auch kein Zügel
    Und lehrt sie kein Rath,
    Sie finden den Pfad.

Sie finden doch sicher den freundlichen Nord;
Der Frühling erwartet mit Sehnsucht sie dort.
    Die Quellen, sie spenden
    Dort Labung den Matten,
    Die Zweige versenden
    So traulichen Schatten;
    Süß träumt sich's indessen
    Beim Nachtsonnengang
    Und Lieb' lehrt vergessen
    Die Fahrt, die so lang,
    Bei Spiel und Gesang.

Die Glücklichen bau'n dort so friedlich, so froh
In schattigen Fichten ihr Nestchen von Stroh.
    Es liegt so verschwiegen,
    So sicher geborgen
    Vor Stürmen und Kriegen,
    Vor Kummer und Sorgen;
    Zum Glück dort nur braucht es
    Des Maitages Gluth,
    In Nächten dort haucht es
    So lind um die Brut,
    Die schlummernd dann ruht.

Du flüchtige Seele am fremden Strand,
Wann kehrest du wieder zum Vaterland?
    Wenn Palmen dort grünen,
    Und wenn sie so leise
    Dir winken zur kühnen,
    Zur himmlischen Reise,
    Dann trägt dich dein Flügel
    Zum sel'gen Gestad',
    Und lenkt dich kein Zügel
    Und lehrt dich kein Rath
    Du findest den Pfad.

Ein Freund im Stillen.

„Schwälbchen, Gast vom fernen Land der Rosen,
Sprich, warum du zwischen sonnelosen,
Düstern Gassen an dem ärmsten Hause
Melancholisch bautest deine Klause?

Wir auch haben grüne Hügelstrecken
Vor der dumpfen Stadt und Blüthenhecken,
Stille Thäler, düstereiche Wälder;
Silberbäche ziehn durch unsre Felder.

Dort zu wohnen wäre dir doch Wonne,
Dort ist Freiheit, Raum zum Spiel und Sonne!
Hier gleichst einem Mönch du, werd' es inne,
Du, ein Vogel mit poet'schem Sinne!"

Auf mich niederblinzelnd halb satirisch,
Giebt das Schwälbchen Antwort mir shakespearisch:
„Manches birgt sich, Freund, in dunkeln Räumen,
Deß Philosophie dich nichts läßt träumen.

Sieh den Giebelbau hier auf dem Dache,
Morsch, als wenn er bald zusammenkrache;
Seine Ziegel weichen Sturmesschlägen,
Durch zerbrochne Fenster peitscht der Regen.

Nun, ein Mädchen wohnt hier —: Blauer glänzet
Als ihr Aug' der Himmel nicht, wenn's lenzet,
Und wie Rosen frisch und lieblich, prangen
Zwischen dunkeln Locken ihre Wangen.

Stets hört man die alte Mutter murren,
Grämlich, gleichwie eines Spinnrads Schnurren,
Doch die Tochter sitzt und säumt den langen
Lieben Tag, verzagt und gramumfangen.

Sitzt in sich verschlossen, von der großen
Weiten Welt vergessen und verstoßen:
Sklavin stets, muß ewig sie entsagen
Aller Lust in ihren Lenzestagen.

Glänzende, verstohlne Thränen eilen
Von den langen Wimpern wohl zuweilen,
Aber gleich seh' ich sie heller blicken,
Wenn sie mich erspäht, und freundlich nicken.

Mit den kleinen lilienweißen Händen
Streut sie die sich abgedarbten Spenden
Mir auf's Dach vor ihres Fensters Pfosten,
Daß ich sorglos nah'n soll, um zu kosten.

Deßhalb wohn' ich hier und walte leise,
Froh dem Mädchen zwitschernd meine Weise;
Ohne mich — wollt' ich ihr untreu werden —
Hätte sie ja keinen Freund auf Erden."

Der Indianer.

Auf dem Haupte Adlerflügel,
In der Hand ein blutig Mordbeil
Und geschmückt mit Siegeszeichen.
Schläft der stattliche, der wilde,
Rothe Mohawk in dem Canot,
Das am Strande festgebunden,
Schläft, vom Schaukelgang des Flusses
Eingewiegt in süße Träume.

Aber durch des Ufers Dickicht
Schleicht sich, wie ein Fuchs geschmeidig,
Leicht der listige Hurone;
Mit verhalt'nem Athem naht er
Sich dem Boote, wo sein großer
Feind von neuen Siegen träumet.
Wird den Schlachtruf er erheben?

Wird der drohende Hurone
Aus dem Schlaf den Feind erwecken
Und im Kampf auf Tod und Leben
Mit ihm ringen? Nein, sein Messer
Zieht der Fuchs aus seinem Gürtel,
Nähert es dem Tau und schneidet,
Schneidet — und es reißt: das Canot
Gleitet lautlos in die Strömung.

Rascher schießt das Wasser,
Rascher jagt und rascher,
Schwankend die Piroge;
Es erwacht der Mohawk,
Sieht sich um und greifet
Hastig nach dem Ruder.
Denn er weiß: Das Wasser,
Das sein Fahrzeug fortreißt,
Heißet in der Weißen
Sprache Sanct Lorenzo;
Und er kennt am Tone
Schon die grause Riesin,
Die von ferne rufet,
Weiß es, daß die wüth'ge
Heißet Niagara.

Wild ergreift er
Das breite Ruder,

Wendet des Canots
Spitzen Steven
Wieder landein,
Klüftet mit Kraft
Wälzende Wogen,
Rastlos rudernd,
Blicket umher,
Schweigt und rudert,
Rudert um's Leben.

Stille steht das Canot
Bei des Mohawks Mühen,
Eilt nicht mehr nach unten,
Aber auch stromauf nicht.
Also gilt's die letzte
Heldenkraft zu zeigen:
Noch einmal herkulisch
Mächtiges Ausholen,
Und — mit Krachen
Knickt das gebogene Ruder!

Da noch einen Blick auf Land und Wasser,
Einen Blick zur Ferne, wo die lieben
Wigwams stehn, wo Weib und Kind sein harren;
Einen Blick noch auf den düstern Urwald,
Nach dem Grasmeer der Savane, wo der
Wilde Büffel fiel vor sichern Pfeilen;

Ein Erinnern noch der frühern Kämpfe
An den großen Seeen, wo die Stämme
Bei Geheul einander abgeschlachtet;
Einen Blick hinauf zum großen Geiste!
Und es hüllt alsdann der wilde Krieger
Sich in seinen Mantel, und er legt sich
Hin zu ruhigem Schlaf und läßt das Canot
Weiter treiben.

Und der eilende Kahn,
Drin der Schlummerer ruht,
Jaget fort auf der Bahn,
Flieget hin durch die Fluth,
Wie der Hirsch durch das Holz,
Wie durch Wolken der Weih,
Wie vom Bogen der Bolz,
Wie der Colibri scheu
In der Schlange Schlund.. ...
Nun fehlt nicht viel,
Dann ist er am Ziel;
Und es lächelt beim Spiel
Des Traumes der Schläfer.

Wie der Donner betäubt
Gleich Posaunenschall!
Wie es schäumt, wie es stäubt
Aus dem mächtigen Fall!

Und die Woge spritzt auf,
Und der tobende Gischt,
Welcher siedet und zischt
Und sich menget und mischt,
Fliegt in sprudelndem Lauf!
Wie der blendende Strahl
Auf das Hüttchen im Thal
In der Mitternacht flammt,
So enteilet mitsammt
Dem Krieger der Kahn
Auf schwindelnder Bahn
Dem Abgrunde zu —
Fort Alles im Nu!

Ein Knäblein.

Du hätteſt ſollen werden ein edler Mann,
Des Vaterlands Stolz und Ehre,
Du hätteſt ſollen können, was ich nicht kann,
Hätteſt gewinnen ſollen, was ich nicht gewann,
In Werk und Wort und Lehre.
    Nun aber birgt dich der dunkle Schrein,
    Und was du vermochteſt, lieb Knabe mein,
    Das war ein freundliches Lächeln allein.

Du hätteſt ſollen ſtehn in jeder Gefahr,
Den Andern die Bahn zu brechen,
Du hätteſt, ein Blitz, an Mitleid bar,
Zerſchmettern ſollen der Schlechten Schaar,
Um all ihre Bosheit zu rächen.
    Du aber verließeſt ſo jung die Welt,
    Du ſchläfſt, ein geknicktes Blümchen im Feld,
    Der Spiele König, der Träume Held.

Ich hätte deinen Namen in Glanz ſollen ſehn,
Unſterblich für alle Zeiten.
Man hätte ſollen ſagen: „Nie iſt geſchehn,
Was er that, ſo lange die Welt mag ſtehn,
Rings in der Erde Weiten!“
    Nun aber ruhſt du, an Ehren arm,
    Vergeſſen von all der Menſchen Schwarm,
    Deine Nachwelt iſt mein leerer Arm.

Es hätte dir sollen im Silberhaar
Der Lebensabend schimmern;
Gesegnet, geliebt, wie Keiner war,
Hättest du in den Augen der Enkelschaar
Sollen Thränen hell seh'n flimmern.
    Noch im strahlenden Morgen standest du,
    Da schloß dein Aug' auf ewig sich zu,
    Da kam für dich schon des Abends Ruh!

Waren Vater und Mutter von Kummer gebückt,
Dein Trost wär' ihnen dann Labe;
Die Augen hättest du ihnen zugedrückt,
Ihren Sarg hättest du mit Blumen geschmückt,
Geweint an ihrem Grabe.
    Nun sind's die Eltern, nun sind's, ach! wir,
    Wir gaben das letzte Geleite dir
    Und weinen an deinem Grabe hier.

Jedoch — dein lachender Zukunftstraum
Mit den stolzen, strahlenden Zügen,
Der vielleicht zerstob in des Lebens Schaum,
Nun hat er in unsern Herzen Raum,
Nun kann er uns nicht betrügen.
    An Liebe so reich, von Sünden blos,
    Entwichst du des Lebens täuschendem Loos!
    Schlaf' süß, mein Kind, in der Erde Schooß!

Aus Norwegen.

Neujahrsgruß an Norwegen.

Du schönes, stolzes, ewig theures Land
Mit tausendfalt erinnrungsreichem Strand,
Davon des Nordmeers Heldenlied erklinget:
Dein Sohn, in dem ein heilig Feuer rollt,
Begeistert greift er in der Saiten Gold
Und seine Huldigung im Sang dir bringet.

Wann bist am schönsten du? Wenn Lenzluft mild
Die Anemonen wecket im Gefild,
Mit frohen Bächlein plaudert auf den Triften, —
Die Birke, wie im Schleier eine Braut,
Im weißen Kleid empor gen Himmel schaut,
Indeß im Thale tief die Blumen düften?

Sprich, oder bist du's, wenn des Himmels Gluth
Verdoppelt in dem Kelch der Rose ruht,
In jeder Blume sich des Feldes malet, —
Des Sommerabends Himmel feurig glänzt,
Mit Wolken sich von Gold und Purpur kränzt
Und jeder Wellengipfel blitzt und strahlet?

Ach, oder wenn des Herzens Schwermuth, wie
Ein Seufzerhauch, mit ihrer Poesie
Durch's gelbe Laub in leichten Lüftchen sauset,
Wenn wild der Bergstrom toset durch's Gestein,
Auf kahl Gezweig matt fällt des Mondes Schein
Und jach der Sturmwind durch die Tannen brauset?

Nein, schöner gar noch, als zu solcher Zeit,
Bist du in deinem weißen Winterkleid,
Das wie von blanken Edelsteinen funkelt,
Und wenn der Flor der Nacht die Welt umfängt,
Mit Millionen Perlen dicht besprengt,
Den Tag, den strahlenreichen, selbst verdunkelt:

Wenn helles Nordlicht in der reinen Luft
— Ach, tausend Himmelsrosen ohne Duft —
Wie rothe Wimpel ob den Wellen flimmert;
Wenn hoch das Heer der Sterne strahlt herab
Auf's dunkle Meer, das endlos weite Grab,
Und droben ewig schweigend glänzt und schimmert.

Wohl liegt in Winters Arm des Seees Fluth,
Gleich wie ein Kind im weißen Linnen ruht
Und schlummert, eingewiegt von süßen Träumen;
Doch stürzt vom Felsen sich des Bergstroms Gischt
Und spricht von einer Kraft, die nie erlischt
Und ewig hier wird in den Adern schäumen.

Es schaut das Hünengrab vom Ufer weit,
Ein sinkend Denkmal längstentschwundner Zeit,
Die, eisern, reich an Kämpfen war und Siegen;
Die Tanne rauscht Erinnrungen herab —
Die rechte Blume für ein Heldengrab —
Ein Helmbusch sieht man sie im Wind sich wiegen.

Heil, Norweg, dir! Bleib siegreich, wie zuvor,
Granitne Wiege du des starken Thor,
Zur Burg des Nordens Göttern einst gegründet!
Heil dir, du schönes, ewig theures Land!
Der Freiheit Tag beleuchte deinen Strand,
So schön wie ihn das Morgenroth verkündet!

Mein Vaterland.

Wo die Welt — ob im Süd oder West — ich durchzieh',
Es ist doch nicht mein heimischer Strand;
Der Fels, den ich sah in der Kindheit, ist's nie:
Ich bin stolz auf mein Vaterland.

Und nicht weil so prächtig die wilde Natur,
Graunvoll einsam der Klippe Joch,
Nicht weil von der Vorzeit so manche Spur
Hier zwischen den Felsen noch.

Denn wohl ist es schön, wenn im Abendschein
Der mächtige Gletscher loht,
Wohl schön ist der lichtgrüne Birkenhain,
Aber ach, all' die Schönheit ist todt.

Wohl lieb' ich der Väter Heldenthum,
Jede Sage macht glühn mein Gesicht,
Aber Schrift nur und Steine verkünden den Ruhm —
Er ist groß, doch der meine nicht.

Doch das Volk, das mit mir nun erlebet den Tag,
Ist mein' und des Vaterlands Lust,
Denn Natur ist nur schön bei der Herzen Schlag,
Wie die Blum' auf der Liebsten Brust.

Eine Sonn' ist im Norden am Himmel erwacht:
Die Freiheit im Männerkreis —
Ob eisig am Pol es auch stürme mit Macht,
Unser Blut, das wallet doch heiß.

Es ist Hoffnung im Blicke so frei und so frank,
Es ist Kraft im lebendigen Wort;
Unsre Muttersprach' ist ein erquickender Trank,
Und die Heimath allein ist ihr Hort.

Von den herrlichen Früchten ein Vogel oft singt,
Die fern im Süden man bricht.
Ach, so süß, so verheißend die Stimme klingt,
Doch glaub' ihm, o glaub' ihm nur nicht!

Ich schwärmte mit ihm und träumte von Glück,
Flog Nachts den Weg, den er wies;
Doch stets riefen Töne mich zärtlich zurück
Nach der Heimath, die ich verließ.

Versuch's, o versuch's in die Fremde zu gehn,
Versuch' es, wenn muthig du bist!
O wie bald werden Thränen im Auge dir stehn
Um die Heimath, die nie man vergißt!

14

Wo die Mutter dich hegt' einst und pflegte dein,
Wo als Kind du sangest im Thal,
Wo den Vater sie dir einst sargten ein,
Wirst du wünschen zu ruhen einmal.

Wo die Welt, ob im Süd, ob im West, ich durchzieh',
Es ist doch nicht mein heimischer Strand —
Ach, der Fels, den ich sah in der Kindheit, ist's nie,
All mein Sein ist mein Vaterland!

Einsamkeit.

Hoch im Gebirge liegt ein stiller See
Mit schroffer, dunkler, waldgekrönter Küste;
Es badet da der Fels die kalten Brüste,
Da weinen Birken aus ihr stummes Weh,
Das gelbe Laub hinstreuend auf die Fluth,
Die regungslos zu ihren Füßen ruht.

Es winkt vom Felshang her kein freundlich Dach,
In schmaler Bucht siehst du kein Boot sich wiegen.
Nun raschelt's, horch! — Auf wald'gen Bergesstiegen
Klimmt wohl ein Jäger kühn der Beute nach,
Lauscht, ob in dieser todten Wüstenei
Nicht schrille eines Wildhuhns heis'rer Schrei.

Die Fluth ist aber tief und klar und mild
Und giebt so rein zurück des Himmels Bild,
Als ruhe sie an Südlands Rebenhügeln.
Und darum hebt sich von des Seees Grund
Sein stummes Leid gen Himmel wie auf Flügeln
Und thut sich, Trost und Antwort fodernd, kund.

14*

„Ach, Kraft ward mir verliehn, des Himmels Bläue
Zu bannen, doch wer ist, den es erfreue?
Wenn nun mich bald des Winters Fessel zwängt,
Wer ist, der ahnte, was darunter denkt?
Kein Auge sah in meines voll Entzücken,
Und Lilien durften meine Brust nie schmücken.“

Wehmüthig lächelt still der Himmel nieder,
Das tiefe Leid des See's ist ihm bekannt.
Dort eilt ein Wandervogel südwärts wieder,
Der Jäger zieht zu seiner Heimath Räumen,
Es seufzt der See und schließt sich — bis in's Land
Der Frühling kehret, liegt er still in Träumen.

Ein Gebirgssee.

Einst trug ein kleiner Nachen Abends mich
Auf einem jener See'n, die so verschwiegen
Und wie ein thränenschimmernd Auge klar
Hoch oben zwischen Norwegs Felsen liegen.
Ueber den dunkeln Ufern wölbte sich
Der Abendhimmel mild und wunderbar
Und spiegelte sich in der stillen Fluth,
Daß — unter, über mir die gleiche Ferne —
Mein leichtes Boot gleich einem jener Sterne,
Die hier wie dort begannen ihre Hut,
Im unermeßnen Raume schien zu schweben.
Es herrschte todtes Schweigen überall!
Rings in der Weite keine Spur von Leben!
Kein Vogellied erklang mit trautem Schall,
Kein sanfter Ton umzog der Höhen jede,
Wie in tyroler Thälern weit und breit —
Norwegens Fels hat nicht die Macht der Rede,
Kennt nur die Sprache tiefer Einsamkeit.
Die stummen Schiffer tauchten tonlos sacht
Die Ruder in die Fluth. Mit Zaubermacht
Ergriff's mir da die Seele wundereigen,
Als löse sie sich auf im heil'gen Schweigen,
Als sei sie innig noch verbunden nur
Der tief geheimnißvollen Felsnatur.

Omen accipio.

Nun ward mein Haus gesegnet:
Ein Schwälbchen flog in den Flur,
So heiter wie der Gedanke,
Der meine Seele durchfuhr.

Sie kamen beide vom Himmel.
Der Gedanke, zeigt' er sich je,
Er wäre goldblau wie die Schwalbe,
Oder weiß wie Schnee.

Und die Gatten kamen beide —
Das soll ein Omen mir sein.
Man sagt mir ja, das Gute,
Das komme nimmer allein.

Die Zärtlichkeit und die Unschuld,
Sie wollten eine Heimath erspähn.
Heil dir, meine neue Hütte,
Daß sie dich auserseh'n!

Die Republikaner.

An der Barriere de la Santé,
Da liegt ein bescheidenes kleines Kaffee,
Altmodig das Zimmer — man brennt da kein Gas —
Die Fenster klein und von trübem Glas.
Der Besuch ist gering in dem ärmlichen Saal,
Von Künstlern nur kommt eine kleine Zahl,
Und außer ihr, bleibt sie einmal fort,
Weilt meist ein stiller Gast noch dort.
Es irrt umher im prächt'gen Paris
Ein Häuflein, das trostlos die Heimath verließ;
Schiffbrüchig hadert es mit dem Geschick
Und mischt in's Gewühl sich mit düsterm Blick.
Pauvres Honteux! Begehren sie Rast,
Ein ärmlich Kaffee am besten dann paßt. —
's ist Mitternacht schon. Der stillste der Gäste,
Noch sitzt er an seinem Tisch mit dem Reste
Der Limonade. — Sein Antlitz ist fahl,
Die Kleidung grob, doch das Linnen weiß.

Die feinen Hände stützen das Haupt,
So daß man fast ihn schlafend glaubt,
Allein es gehn durch den stillen Saal
Seine einsamen Seufzer verstohlen leis.
So läßt er den Träumen freien Lauf:
Da fährt mit Geräusch die Saalthür auf,
Und es drängen herein sich, dichtgeschaart,
Wildblickend Gesellen mit starkem Bart.
Sie flöten und singen die Melodie
Eines Lieds aus der Stummen von Portici.
Die Oper hat mit zaubrischer Macht
Heut' Abend Gluth in den Herzen entfacht,
Und hochbegeistert von ihrer Musik
Schwärmt Alles für Freiheit und Republik.

Sie setzen sich, doch mit beflügelten Sohlen
Springt Einer empor und besteigt den Tisch.
„Versammelte, hört! Ich will reden von Polen!"
Beginnt er schallend — wie ging das risch!

Das war eine Rede wie aus der Kanone!
Man stürmte und spießte; es wankten die Throne;
Der Franzen König und Kammer zusammen
That man mit dem Kreml in dieselben Flammen,
Und aus den Gräbern im russischen Schnee
Rief wieder zur Schlacht man die große Armee.
Sie kämpfte mit und bewegte die Welt,
Der Adler flog siegend von Feld zu Feld.
Auf Warschau's Mauern stand wiederum Fama,

Der Welt verkündend ein neues Proclama;
Nun war beseitigt die letzte der Fragen,
Der letzte Knoten gelös't, zerschlagen.
Das freie Weib und der freie Mann!
Emancipation von heute an!
Europas Congreß vereint sich am besten
In Polens Schooß zwischen Osten und Westen;
In Warschau ersteht der Congreßsalon
Sowie eine Säule für Saint Simon.

Da jauchzte der Schwarm, der lärmend gebot:
„Champagner her! Den Tyrannen Tod!"
Doch als der Garçon entkorkte den Wein,
Gewahrte man stutzend den Mann, der allein
Beim Glas in der Ecke sonst saß wie im Schlaf:
Streng blickt' er, weil fliegend der Kork ihn traf.
„Trink!" riefen sie laut, „der Champagner ist gut,
Der Becher ist heilig, trink, hast du noch Muth!"

„Ich trinke nicht Wein, ob billig, ob theuer,
Mich widert sein Süß an, ich hasse sein Feuer!
Auf Trümmern steh' ich, meine Welt stürzte ein —
Mein Becher ist leer! — ich trinke nicht Wein!"

Da scholl ein Lärmen, und „Sklav!" hieß es schnell!
Man sprach von Hohn, von Rache, Duell.

Auf riß er den Rock, und die Drohwort' erstarben:
Die Brust, wie war sie zerrissen von Narben!

„Ihr Schwäper! Das sind Ostrolenkas Zeichen,
Die schützen mich wohl vor Bubenstreichen.
Es giebt keine Lindrung für meine Qualen,
Sie können nicht schlummern vor Plaudern und Prahlen,
Denn wär's auch ein Geck mit dem feigsten der Herzen,
Er schminkt sich mit meinen geheiligtsten Schmerzen;
Mein wärmstes Gebet, das zu Gott sich geschwungen,
Zur Mode, entweiht wird's auf lallenden Zungen!
Zur Seite, Knaben, und Platz mir gemacht!
Der Himmel hat Sterne, und stumm ist die Nacht!" —

Er ging, und sie wagten zu zanken nicht
Und hatten Champagner und tranken nicht.

Aus Dänemark.

Die Sprache der Dänen.

Lieblich flöten Welschlands Nachtigallen,
Galliens Hahn erwecket Kampfesmuth,
Und Castiliens Thäler wiederhallen
Rings von Liedern voller Liebesgluth;
Ueberm Deck wie im gewölbten Dome
Wird des Briten Stimme Orgelklang,
Und, der Traube gleich am Rheinesstrome,
Kraft und Duft vereint der deutsche Sang.

Doch, o Fremder, glaube nicht, im Norden
Sei das Leben träge, stumm die Welt
Und das Herz so starr wie Erde worden,
Wenn der Winter baut sein Schneegezelt!
Glaube wortarm hier nicht die Gedanken,
Glaube hier in Fesseln nicht den Geist,
Glaube nicht, des Nordens Männer wanken,
Fliehn gleich Spreu, wie stolz, wie stark du sei'st.

Nein, die Brust wogt kühn uns auf und nieder,
Höchstes Ziel erstrebt der Seele Schwung,
Und von unsern Lippen, tönen Lieder,
Frühlingswarm wie unser Herz und jung,
Süß wie Mädchenmundes Liebesgabe,
Weich wie Wellenspiel um Kiel und Bug,
Tief wie Waffenklang vom Hünengrabe,
Keck wie unserer Gedanken Flug.

Nordlands Töne, klingt ob Land und Sunden,
Ohne Scheu begegnet Fremden kühn!
Malt die Größe, welche längst verschwunden!
Kündet, die uns einst noch soll erblühn!
Klingt wie der bedrängten Mutter Klage
Jedem ihrer Söhn' in Mark und Bein,
Bringt der Väter Kraft in uns zu Tage,
Daß des Vaterlandes Schild wir sei'n!

———

Der Troubadour.

Ein fremder Harfner lenkt den Fuß
Zum Hof des Grafen von Toulouse,
  Ein Sänger schlicht und bieder,
Und sorglos wie am Waldeshang
Läßt er sich hier zu Spiel und Sang
  Auf Marmorstufen nieder.

Melodisch kosend, zart und weich,
So schmerzbezwingend, freudenreich
  Beginnet er zu preisen
Der Liebe und der Schönheit Macht
Und Ritterspiel und Herrscherpracht
  In wunderbaren Weisen.

Rings auf dem hohen Corridor
Schaart sich das Hofgesind' im Chor
  Bei dieser Lieder Tone;
Es lauscht in edler Gäste Zahl
Entzückt der Graf und sein Gemahl
  Vom offenen Balkone.

Zum Harfner eilt alsbald herab,
Vom Herrn entsandt, ein Edelknab'
   Und meldet, froh beflissen:
„Leg' hin den Stab und sei nun mein,
Mein Tisch ist dein, trink meinen Wein
   Und ruh' auf seidnen Kissen."

Er zauderte und säumte nicht
Und gab sich in des Grafen Pflicht,
   Sein Glück, er meint' es tage;
Ihm ward für Lied und Harfenton
Genuß und Ueberfluß zum Lohn,
   Fremd war ihm jede Plage.

Doch farblos schien die Welt ihm bald,
Matt ward die Hand, sein Herz ward kalt,
   Die Stimme minder helle;
Sein Liederstrom versiegt' und schwand
Wie in der Wüste Gluth und Sand,
   In Sumpf und Moor die Quelle.

Da trat er mit bedrücktem Sinn
Vorm Tagen einst zum Grafen hin
   Und lieh der Sehnsucht Worte:
„Herr, öffne deinem Troubadour,
Ihn drängt's hinaus in die Natur,
   Des goldnen Kerkers Pforte!

„Ihn freut nicht höfisch kalter Glanz,
Nicht Weibertand und Mummenschanz,
   Ihn treibt's umherzustreifen,
Im Sturm hoch auf gezacktem Fels,
Im Mondenschein am Rand des Quells
   Mit Gnom und Elf zu schweifen.

„Wie's Vöglein fliegt von Ast zu Ast,
So kennet weder Ruh noch Rast,
   Den inn're Stimmen treiben,
Und singend sucht er unverwandt,
Ach, weiß er was? von Land zu Land,
   Mag nirgend, nirgend bleiben.“

Und frei wie Wind und Well' entrann
In Feld und Wald der Sänger dann
   Und sah der Fluren Prangen.
Da grüßte früh im Morgengold
Ihn die Natur, erröthend hold,
   Mit bräutlichem Umfangen.

Lehr' mich, o Wald —

Lehr' mich, o Wald, einst freudensatt
Zu scheiden, wie im Herbst dein Blatt;
Der schön're Frühling, komm' er!
Wo grün mein Baum den Wipfel trägt
Und seine starken Wurzeln schlägt
Tief in den ew'gen Sommer.

Lehr' mich, o Wandervöglein dort,
Wie ich mich freudig schwinge fort
Zum unbekannten Strande!
Wenn Alles Winter hier und Nacht,
Winkt mir des Paradieses Pracht
Im Auferstehungslande.

Lehr' mich, o Falter, bunt und licht,
Wie man des Körpers Fesseln bricht
Und Freiheit mag erringen!
Ein Wurm kleb' ich am Ird'schen noch,
Bald tragen himmelwärts jedoch
Mich goldne Purpurschwingen.

Der hoch du über Sternen bist,
Mein Herr und Heiland Jesus Christ,
Hilf mir aus Gram und Sorgen!
Gieb, daß mir Hoffnung grünen mag!
Charfreitag war ein herber Tag,
Doch schön der Ostermorgen!

Das Vaterland.

O Vaterland, wie klingt dein Name lieb!
Entführte dir den Sohn ein ernst Verhängniß,
Dann zieht ihn heim ein räthselhafter Trieb,
Und jedes andre Land wird ihm Gefängniß.

Bei dir nur prangt der Lenz in Herrlichkeit,
Mit seinem Reiz der Sommer da nur waltet,
Und schön ist selbst des Winters weißes Kleid,
Wenn's auf der Kindheit Fluren liegt entfaltet.

Die öde Küste mit dem Sand und Kies,
Die Wiese, wo die stillen Brünnlein gehen,
Die gelbe Wüste ist ein Paradies,
Wenn sie des Kindes erste Lust gesehen.

Heimath ist mir des Ginsters dunkles Land,
Auf Haidegrund schien meiner Kindheit Sonne,
Mein zarter Fuß trat einst den gelben Sand,
An schwarzen Hügeln sproß mir Jugendwonne.

Mich dünkt der braunen Haide karge Flur
Am herrlichsten von allen Freudengebern --
Ich will die letzte Ruhestätte nur
Bei meiner Väter haid'bewachs'nen Gräbern.

An die Zeit.

Tochter du der alten Ewigkeit,
Fürchterliche Riesin, stolze, grimme!
Stürz' nur in den Abgrund mich, o Zeit,
Nie machst du verstummen meine Stimme.

Heb' den Arm nur in Zerstörungslust,
Tritt chaotisch eine Welt zusammen!
Du zermalmst die Welt nicht meiner Brust,
Löschest nimmer meiner Seele Flammen.

Sieh nur groß und stolz auf mich herab;
Mich zu schrecken wird dir nie gelingen!
Und indeß du hier mir gräbst das Grab,
Soll mein kühnes Lied dein Schicksal singen.

Laß Gewürm, laß deine ekle Brut
Nur am Herrlichen und Großen nagen!
Sei dein Fuß auch, der auf Leichen ruht,
Kaltem Marmor gleich an Sarkophagen!

Zeug', um sie zu stürzen, Helden nur,
Götter zeug' um dieser Wonne willen,
Leben hauchend tilge seine Spur,
Deine Gier an eigner Brut zu stillen.

Lach' der Stunden, daß der Schall es trägt
Himmelwärts in erz'ner Glocken Klingen
Und — so oft dein Puls im Raume schlägt —
Tausende mit Todesqualen ringen!

Einmal, Riesin, hast du ausgelacht:
Hör's, was deines Schicksals Barde singet!
Hast du nicht der grauen Schlange Acht,
Die sich rings um's Universum schlinget?

Sie beginnt zugleich — die Ewigkeit —
Wo sie endet, alles Sein umfassend:
Die dich zeugte, tödtet dich, o Zeit,
Ihr Geschlecht in dir, das eigne, hassend.

Einst ertönt auch deiner Stunde Schall,
Und zermalmt von jener Schlange Ringen
Stürzt in sich das ungeheure All,
Wird die Ewigkeit den Raum verschlingen.

Zeit, auch du wirst dann mit dem vergehn,
Welcher feig und sclavisch an dir klebet,
Aber siegreich wird der Geist bestehn
Der beschwingt sich über dich erhebet.

———

Dichtertod.

Und muß ich sterben, o, dann sei's
Am goldnen Sommertage,
Wenn hell von Lerchen Gottes Preis
Erklingt ob Flur und Hage,
Wenn aus dem Grün das Röschen schau
Und in den Schattenräumen
Des Hains Natur wie eine Braut
Nur Liebe scheint zu träumen.

O laß mich sterben, während hoch
Die Sonn' auf Himmelsbahnen
Dahin zieht und verklärend noch
Schwingt lichte Strahlenfahnen!
O, laß mich sterben, jung und froh,
Bevor von meinem Haupte
Die Zeit, die unerbittlich floh,
Die dunkeln Locken raubte.

Laß sterben mich, derweil das Blut
Die Adern heiß durchwallet
Und noch der Lebensstürme Wuth
Von meinen Schultern prallet;
Derweil noch schöner Augen Strahl
Mich selig läßt erbeben
Und Traubensaft im Goldpokal
Mir noch erquickt das Leben!

Derweil noch holder Blumen Duft
Mich süß umspielt im Lenze,
Wenn in der linden Abendluft
Mit ihnen ich mich kränze;
Derweil ich noch des Lebens Meer
Durchschwimme ohn' Ermatten,
Bevor der Jugendträume Heer
Ich ruf', mein eigner Schatten.

Laß sterben mich, bevor ich, fremd,
Durch fremde Welt muß schwanken,
Eh Gram und Alter mir gehemmt,
Gelähmt mir die Gedanken.
Laß mich vergeh'n, zerspringen so
Wie straffe Bogensehnen —
Laß mich nicht enden, krank, auf Stroh,
Vergessen, ohne Thränen!

Du Geist, deß Wink schon Welten schafft,
Deß Lächeln schon ist Leben,
Magst du im Morgen mich der Kraft
In deinen Himmel heben —
Daß meine Seele, staubbefreit,
Verglimme nicht im Dunkeln,
Daß in der Nacht der Ewigkeit
Ein Stern sie möge funkeln!

Dreizehn bei Tische.

Still war's im Eckhaus drüben
Wohl mehr als einen Mond,
Mit den verhängten Fenstern
Stand es wie unbewohnt.
Nur aus der Kranken Zimmer
Schien nächtlich Lampenlicht,
Dort ging der alte Hausherr
Oft mit verweintem Gesicht.

Auf sind nun die Gardinen,
Der Himmel schaut hinein,
Die klaren Scheiben blinken
Mit munterm, hellem Schein.
Des alten Grafen Gattin
Verließ das Krankengemach,
Bei Tische wieder erscheinend,
Wenn auch noch matt und schwach.

Ein kleiner Kreis von Freunden
Saß um den Mittagstisch
Und that sich scherzend gütlich
Bei Braten, Wein und Fisch.
Die kranke Frau schloß zärtlich
Den Säugling an die Brust
Und sah auf die Geschäft'gen
Mit stillvergnügter Lust.

Doch schaut an's andre Ende
Des Tisches Jeder bald,
Dort zankt sich mit dem Bruder
Ihr Söhnchen, daß es schallt.
„Papa", begann der Kleine,
„Hab' ich nicht Recht, daß hier
Wir zwölf bei Tische sitzen
Mit dem Bruder Cadet und mir?"

Und zählend des Alten Auge
Die Reihen abwärts glitt.
Er sprach: „Nein, dreizehn; muß nicht
Dein jüngstes Brüderchen mit?"
„Wie? Sind wir dreizehn?" fragte
Bestürzt die leidende Frau —
„Wohl ahnt mir, daß bald ich sterbe;
Nein, ich weiß es nur zu genau."

Seltsam ward sie ergriffen
Von räthselhaftem Graus,
Und Geisterblässe goß sich
Ihr über's Antlitz aus.
„Mir ist so weh im Herzen,
Mir ist so trüb zu Sinn",
So sprach sie matt und schwankte
Zum Krankenzimmer hin.

Da hatte schnell am Tische
Das Scherzen aufgehört,
Die Stirn des alten Hausherrn
War düster und verstört.
Unheimlich ward's den Gästen,
Es kam ein Frösteln leis,
Der alte Aberglaube
Durchschlich den ganzen Kreis.

Die älteste Tochter aber,
Die, hold erblüht, kein Jahr,
Kein volles, ihrem Gatten
Noch anvermählet war,
Erhob sich tief erröthend,
Schritt mit verschämtem Blick
Und zögernd hin zur Mutter
Und hielt sie sanft zurück.

Sie flüsterte: „Sei ruhig,
Mein liebes Mütterlein,
Hier wird der Aberglaube
Kein Friedensstörer sein.
Am Tische saßen vierzehn,
Es war ein Gast noch hier,
Unsichtbar allen Andern,
O Mutter, so wie dir.

„Der Vierzehnte, der setzte
Bei Tisch sich neben dich,
Von dir mit eingeladen,
Als du geladen mich;
Und als du mich gespeiset,
Hast du auch ihn gespeis't,
Der alle deine Güte
Nun leise schlummernd preis't.

„Du wiegtest deinen Jüngsten
Auf deinem Schooß beim Mahl,
Das machte unsrer dreizehn,
Der Tod haßt diese Zahl;
Doch unsrer waren vierzehn,
Denn Gott erhörte mich schon:
Unter dem eignen Herzen
Trag' ich den ältesten Sohn."

Das Stelldichein.

Verehrtester! Ich bitte
Mich heute zu entschuld'gen,
Sie merken wohl, ich spiele
Etwas den Ungebuld'gen.

Hier soll ich jetzt erwarten —
Ich sag' es im Vertrauen,
Ja, lächeln Sie! — die Perle
Von Millionen Frauen.

Sie ist ein Meisterstückchen —
Von wem? Ahn' nicht von fern es! —
Antik gedacht zwar, ist es
Doch ein durchaus modernes.

Die Draperie — süperbe!
Romantisch keusche Glieder;
Niemand, der sie gesehen,
Vergißt sie jemals wieder.

Der Locke dunkles Schlänglein
Am Oehrchen will verkünd'gen,
Wie es so süß, ein wenig
— Ganz insgeheim — zu sünd'gen.

Die wunderbare Keckheit
Des Blicks ist kaum zu fassen,
Mit holder Frechheit könnte
Sie sich verwechseln lassen.

Das Grübchen ihres Kinnes,
Wo Amor spielt Verstecken —
An seiner Mutter wäre
Nichts Schön'res zu entdecken.

Und dieses Lenzgebilde —
O Pracht von einem Weibe! —
Deß schwärmerisches Wesen
Vergebens ich beschreibe;

Bei dem man zweifeln möchte
Und ernstlich bleibt unschlüssig,
Ob Geist bei solchen Reizen
Nicht völlig überflüssig —

Schrieb eigenhändig diese
Schmachtenden krummen Linien
Und heißt mich ihrer harren
Im Dunkel hier der Pinien.

Bemerken Sie? Ambrosisch
Haucht rings die Luft, die kalte;
Der Duft .ist's von dem Briefchen,
Das ich in Händen halte;

Im Siegel seh'n Sie Amor
Hin über Wogen eilen,
Auf seinem Köcher segelnd
Und rudernd mit den Pfeilen.

Drum fort, mein Herr! Sie hören
Die Uhr schon repetiren —
Neun, zehn, elf, zwölf! — Ich läugne
Durchaus nicht, Sie geniren.

Die Tageszeiten.

Kora.

Ach, die Nacht lieb' ich, des Dunkels
    Zaubermacht,
All des goldnen Sterngefunkels
    Glanz und Pracht,
Wenn herauf die stillen, bleichen
    Schatten ziehn,
Wenn die letzten gluthenreichen
    Strahlen weichen
Und vor ihnen schüchtern fliehn.

Es erschließen Herzenstiefen
    Dann sich schnell,
Bilder, die verborgen schliefen,
    Flammen hell!
Süße Friedensstimmen schallen,
    Und es schwebt
Fromm der Geist hinan, zu wallen
    In den Hallen,
Die der Sternenschmuck umwebt.

Aja.

Nein, den Tag lieb' ich im klaren
    Strahlenkranz,
In dem warmen, wunderbaren
    Jugendglanz,

Und den leichten Fluß, der glänzend,
    Perlenrein
Längs dem Wald rauscht, der, ihn kränzend
    Und umgränzend,
In die Fluthen blickt hinein.

Leuchtend frohe Augen blicken,
    Und die Lust
Sucht mit Liedern zu entzücken
    Jede Brust;
Amor will dann Herzen necken,
    Lachet laut,
Spielet hinter Blüthenhecken
    Dann Verstecken,
Wenn den muntern Faun er schaut.

Eulimene.

Nur den Abend mag ich loben,
    Wenn das Herz
Fühlt, von Sehnsucht süß gehoben,
    Holden Schmerz;
Wenn der Gott die Flammenpfeile
    Thalwärts schickt,
Freundlich winkend: „Alles eile,
    Du nur weile,
Liebe, die das Herz beglückt!"

Und des Thales Brünnlein wallen
    Leis vorbei,

Liebe tönt der Nachtigallen
   Melodei.
Nymphen schlummern dann am Bache
   Rings im Moos
In dem kühlen Waldgemache;
   Treu hält Wache
Dann der Vollmond, roth und groß.
     (Die Sonne geht am Horizont auf.)

Phantasus.

Wellen schäumen,
Und das Meer, geweckt aus Träumen,
Kleidet sich in Schleier weiß.
Und es sinken
Von der Stirn der Nacht und blinken
Perlen Thau's nun lind und leis.
Von des Ostens stillem Sterne,
Aus der Ferne,
Schwimmt, getragen durch die Fluth,
Sanft vom Wellenspiel geschaukelt,
Eine Muschel, die umgaukelt
Auf Korallenzweigen ruht.

Dort im Meere
Macht sie Halt, die Hehre.
Sieh, ihr ganzer
Schaumbedeckter Silberpanzer
Oeffnet sich gleich einem Aug'.
Wie vor einem Zauberhauch

Flieht der nächt'ge Flor;
Funkelnd siehst das Licht du prangen,
Siehst Auroras junge Wangen
Durch der Muschel offnes Thor.
Lieblich schlummert sie, die Holde,
Und bedeckt von hellem Golde,
Wogt der Busen unter Rosen,
Und das Meer mit seinem Schäumen
Will geschwäßig sonder Säumen
Plaudern von den Träumen,
Von den losen,
Die sie spielend froh umkosen.

Doch auf schattenvollen Schwingen
Sieh den Schlaf empor sich ringen.
Sieh vom harten Lager dort
Nun Aurora springen
Und sich aus der Stirne fort
Ihre goldnen, wunderreichen
Locken mit den weichen
Rosenfingern streichen:
Da — wie schön
Sind des Himmels Höhn,
Berg und Thal,
Wald und Flur!
Schimmernd liegt rings die Natur,
Scheint den Strahl
Ihrer Augen
Selig einzusaugen

Und, indessen Wellen
Sich empor zu ihren Füßen
Schmeichelnd schnellen,
Auf die süßen
Voll Entzücken
Tausend Küsse leis zu drücken,
Während fern sie durch die Luft
Königliche Blicke sendet,
Sich zur Flucht die Wolke wendet,
Lichtgetroffen unverweilt
Westwärts eilt
Und zerfließt in zartem Duft.

Und sie kühlt im Wind
Ihre Purpurwangen lind,
Doch kein Lufthauch löscht die Gluth.
Ihren Seufzer beim Erwachen,
Ach, er kann ihn nur empfangen,
Doch nicht sänftigen sein Bangen.
Da, von ihrem Muschelnachen
Stürzet sie sich in die Fluth;
Die nur stillt ihr heiß Verlangen.
Sieh sie auf der Woge liegen
Und auf ihr sich lächelnd wiegen,
Die sie zärtlich will umschmiegen,
Halb mit Schaudern, halb mit Lust
Sie umringet
Und den Silbergürtel schlinget
Um Auroras junge Brust!

Die beiden Soldaten.

(1850).

Zurück! rief der Trompete Schall;
Der Kampf ward eingestellt;
Die letzte Kugel flog vom Wall
Und wühlte auf das Feld.
Der letzte Trupp der Holstenmacht
Zog von Missunde fort, besiegt,
Und rings der Wahlplatz lag in Nacht
Und Stille eingewiegt.

Der wilde Kampflärm war verhallt,
Bleich sah der Mond herab;
Den Wunden ward ein Lager bald,
Den Todten bald ein Grab;
Nur hie und da in Feld und Flur
War Gras zertreten noch und roth,
Da sah man's noch an feuchter Spur,
Wo jüngst hinschritt der Tod.

Wenn jeder Wunde Pflege fand,
Ward keiner übersch'n?
Ja, zwei; sie lagen, wo am Strand
Der Schlei die Weiden steh'n,
Aehren, gemäht um's Morgenroth,
Die man im Erntelärm vergaß,
Zwei Krieger, denen schon der Tod
Im jungen Herzen saß.

Treu stand der Eine als Soldat
Bei seines Königs Heer,
Solch rascher, flinker Kamerad
Trug niemals das Gewehr.
Wo ihm der Feind kam zu Gesicht,
Wo Kampf es gab, war er dabei,
Und deutsch war in ihm Andres nicht,
Als in der Brust das Blei.

Der zweite stand in deren Bund,
Die, als der Tag erschien,
Zum Sturme rückten gen Missund'
Und endlich mußten flieh'n.
Er hatte brav gekämpft; es sei —
So meint' er — seine Sache gut:
Nun lag er hier am Strand der Schlei
Und schwamm in seinem Blut.

Als jetzt die Nachtluft sie durchfuhr
Und eisig kalt sie traf,
Erwachten sie auf feuchter Flur
Aus schwerem, tiefem Schlaf.
Sie sah'n sich an, halb aufgerafft,
Und griffen Beide zum Gewehr,
Doch fehlte Beiden es an Kraft,
Die Büchse war zu schwer.

Sie rängen gerne noch ein Mal,
Allein zu spät war's nun;
Ohnmacht ließ ihnen keine Wahl,
Die Waffen mußten ruh'n.
Des Hasses Wolke aber, noch
Wich sie von keiner Stirne fort —
Und sprachen Eine Sprache doch,
Entstammt aus Einem Ort.

Denn Schleswig war ihr Vaterland,
Und wo die Nordsee schäumt,
Da hatten sie am grünen Strand
Den Jugendtraum geträumt.
Hier wohnten Beide, bis zum Schwert
Vom Pflug hinweg sie rief die Pflicht,
Und Beide machten Rechtsumkehrt,
Doch gleicher Richtung nicht.

Der Eine zog nach Süden aus,
Nordwärts der Andre fuhr,
Sie trafen sich im blut'gen Strauß
Auf ihrer Väter Flur.
Nun lagen sie beim Mondeslicht
Am Ufer hier in ihrem Blut
Und konnten ruhig sterben nicht
Vor lauter Haß und Wuth.

Zum Kampf zu schwach, vom Schmerzensbett
Ein Jeder Blicke warf,
Wie ein geschliffen Bajonett
So schneidend und so scharf.
Sie schwiegen, als wenn seinen Groll
Zu schildern Keiner Worte hab',
Als gält' es noch, erbittrungsvoll
Zu streiten um das Grab. — —

Der Mond war schon am Untergang
Und hing im Westen roth;
Noch in der Beiden Herzen rang
Das Leben mit dem Tod:
Da scholl es hinterm Hügel hell,
Getrappel, wie von Rosseshuf,
Und Hörnerklingen und Gebell
Und lauter Jägerruf.

Es saus'te wie Gewitter schwer,
Wie Blitze zuckt' es licht
Und kam vom Walde raschelnd her
Ein schreckenhaft Gesicht;
Denn wie Gewölk vor Sturmesmacht,
So über Hügel, Wies' und Kluft
Fuhr König Abels wilde Jagd
Hin durch die stille Luft.

Und Abel selbst auf schnaubendem Pferd',
Die Zügel wirr verhängt,
Die Faust mit langem Spieß bewehrt,
Kam weit voran gesprengt.
Das Auge düstre Kohlengluth,
Die Wange leichenblaß und fahl,
Stand auf der Stirn ihm Erichs Blut
Als grauses Kainsmal.

Und, seine Schergen hinterdrein,
Ging's vorwärts mit Geschnaub,
Sie setzten über Stock und Stein
Wie hingewirbelt Laub.
Der Rosse Nüstern sprühten Gluth,
Die hell durch's Dunkel blitzte auf,
Doch plötzlich vor der Schleibucht Fluth
Hielt an der wilde Hauf.

Denn aus den Wassern stieg's empor
Wie Nebel grau, geballt,
Ein Königsbild trat es hervor:
Erichs war die Gestalt.
Er strich das nasse Haar vom Kinn
Und dräuend hob er auf die Hand,
Wies auf ein blutig Wundmal hin,
Sank wieder und verschwand.

Im Wald ging's wie ein Schauern da,
Das Schilfrohr bebte leis,
Die Wellen seufzten fern und nah
Am Ufer rings im Kreis.
Und Abel rang die Hände wirr,
Schnell dann zurück die Flucht er nahm,
Und mit Geschwirr und mit Geklirr
Verschwand er wie er kam. —

War's ein Phantom, ein Fiebertraum?
Glaubt's oder glaubt es nicht:
Den Beiden dort am Ufersaum
Erschien es, das Gesicht.
Sie dachten an entschwundne Zeit
Und an der dunkeln Zukunft Bahn
Und dachten an den Bruderstreit,
Den diese Wasser sah'n.

Und eh' die letzte Kraft entwich,
Versöhnten sie den Sinn
Und schleppten langsam, mühvoll sich
Dann zu einander hin.
Nicht seufzten sie und klagten viel,
Sie sah'n ihr Loos vor Augen steh'n
Und wollten, hatten sie Ein Ziel,
Den Weg zusammen geh'n.

Als nun die dunkle Nacht entfloh
Und aus bethauter Au'
Die liederreiche Lerche froh
Stieg zu des Himmels Blau:
Da lagen Beide leblos, doch
Gelöf't war auch des Hasses Band,
Denn Einer hielt im Tode noch
Getreu des Andern Hand.

———

Zeitklänge.

Des Sängers Tod.

1849.

Es war auf Jütlands Auen,
Es war am kleinen Belt,
Da stand ein junger Krieger
Bei dunkler Nacht im Feld.
Das Auge trüb, die Wange bleich,
So sang er wehmuthvoll und weich:
„Geliebtes Schleswig-Holstein,
Mein Vaterland, leb' wohl!"

Bei ihren Schanzen schlummern
In Lagerhütten da
Die Söhne Schleswig-Holsteins
Um Friedericia.
Du deutsches Herz dort auf der Wacht,
Was singst du klagend leis der Nacht:
„Geliebtes Schleswig-Holstein,
Mein Vaterland, leb' wohl!"

„O Nacht, wie sternlos dunkel
  Du ruhest um mich her,
  Doch wogt in mir noch dunkler
  Von Ahnungen ein Meer.
Weiß nicht, was ich so traurig bin,
Mir kommt das Wort nicht aus dem Sinn:
  Geliebtes Schleswig-Holstein,
  Mein Vaterland, leb' wohl!

„Und sollt's befreit nicht werden
  Vom Joche, das ihm droht,
  Dann sei im Ehrenfelde
  Willkommen mir der Tod.
Ich weiß nicht, ach, wie mir geschieht,
Stets tönt mir's, wie ein Schwanenlied:
  Geliebtes Schleswig-Holstein,
  Mein Vaterland, leb' wohl!"

Ein Schuß! Er sank getroffen!
  O blut'ge Unglücksnacht!
  Vom Dänen überfallen,
  Verloren wir die Schlacht!
Nun klingt das Lied wie Grabgeläut
Seit jener Stunde, klingt noch heut':
  „Geliebtes Schleswig-Holstein,
  Mein Vaterland, leb' wohl!"

Zur Schillerfeier.

1859.

Mit leisen Schritten trat heran die Nacht
Und deckte mir die Augen zu mit Küssen,
Die Freundin, die so oft mich glücklich macht,
Wenn Andre ruhen von des Tags Genüssen;
Sie zog den Flor von meiner Seele sacht,
Der mir das Auge hatte hüllen müssen,
Und plötzlich war die Ferne, glanzumflossen
Von wunderbarem Lichte, mir erschlossen.

Die Gütige, die Hohe hatte mild
Den Traumgott mir als Führer beigegeben:
Wir schritten hin durch lachendes Gefild,
Wo mächt'ge Ströme rauschend meerwärts streben,
Erstiegen kühn der Schöpfung Urgebild,
Felshöh'n, die starrend sich in Wolken heben —:
Von eines Waldgebirgs granitnen Warten
Durchschweifte nun mein Auge Deutschlands Garten.

Und horch! von unsrer Nordsee Dünenstrand,
Wo ewig tönen wilder Wogen Lieder,
Bis wo die Alpen, Wand gethürmt auf Wand,
Gen Himmel dehnen ihre Riesenglieder,
Wie hallte durch das weite Vaterland
Ein schönes Echo tausendfältig wieder!
In jedem Thale klang's, von allen Klippen,
Ein Segen schwebte heut' auf Aller Lippen.

Ich fragte scheu: „Ist's ein gekröntes Haupt,
Deß Name so die Herzen kann erheben?
Ein Held, dem Lorber grün die Stirn umlaubt,
Weil er vernichtet tausend Feindesleben
Und, von dem grausen Kampfgebrüll umschnaubt,
Dem Tode sah in's Antlitz ohne Beben?
Ist es ein Reicher, Herr von Millionen,
Dem Tausende mit Dank die Spenden lohnen?"

So fragt' ich leis und ahnungsvoll, und sieh,
Es nahte mir mit holdverklärten Mienen
Ein Götterbild, ein Weib, so schön wie nie
Ein erdgebornes meinem Blick erschienen.
Sie sprach zu mir: „Ich bin die Poesie
Und komme her, mit Antwort dir zu dienen."
Und lieblich klang's wie Quellenlaut von ferne,
Wenn Alles ruht im Dämmerlicht der Sterne.

„Ein König", sprach sie, „und zugleich ein Held
Und auch ein Herr von Schätzen unermessen,
Den nie, so lang ein Deutschland in der Welt,
Das deutsche Volk undankbar kann vergessen,
War der, deß Namen heute du vom Belt
Ertönen hörst bis zu den Alpenpässen,
Vom traubenreichen Rhein zur Russengränze,
Dem Deutschland gab den schönsten seiner Kränze."

Da faltete ich krampfhaft Hand in Hand
Und Jubel quoll hervor aus meinem Munde:
„Herr Gott! ist einig denn mein Vaterland,
Und hätt' ich sie verträumt die große Stunde?!
Wer ist's, dem sich ganz Deutschland zugewandt?
O säume nicht mit der ersehnten Kunde!
Dann wird mein Herz sich gern zur Ruhe geben,
Erhört ist mein Gebet, belohnt mein Streben."

Nach kurzem Zögern sprach die Göttin weich:
„Ein Reicher war es, deß man heute denket!
An Güte kam sein Herz der Sonne gleich,
Die ihre Strahlen mild auf Alle senket,
Denn liebend hat er Alle, Arm und Reich
Im Vaterland, mit lauterm Gold beschenket,
Und doch — er selber mußt' im Leben kargen,
Den man im Tode ließ zu Fürsten sargen.

„Es war ein Held der Mann, den Deutschland ehrt
An diesem Tag, der einst ihn uns gegeben.
Er kämpfte herrlich mit des Geistes Schwert,
Bis sich die Herzen alle ihm ergeben.
Ein Wetter war er, welches niederfährt,
Vor dem die Schlechten in der Seele beben;
Das Herz jedoch der Edeln, Kühngemuthen,
Es mußte jauchzend ihm entgegenfluthen.

„Er war ein Fürst nicht minder; aufgedrückt
War seiner edeln Stirn der Herrschaft Siegel;
Er hat die deutschen Gauen gleich beglückt,
Gewaltig lenkte seine Hand die Zügel;
Doch hat er nie der Freiheit Ziel verrückt,
Und Allen hielt er vor des Rechtes Spiegel:
Ja, eine Herrscherseele war ihm eigen,
Der sich die höchsten Stirnen willig neigen.

„Es war mein Sohn! — Ihm hatt’ ich ja vermacht
Die Schätze meiner Zauberregionen,
Mein Schwert auch schwang er in der Geisterschlacht,
Die funkelndste trug er von meinen Kronen —
Er einigte —.“ — Da bin ich aufgewacht,
Und hoch und herrlich sah ich vor mir thronen
Die Schillerbüste in des Morgens Glanze,
Für’s Fest geschmückt mit frischem Lorberkranze.

Und wie die Sonne sich aus Wolken ringt,
Drang ein entzücktes Lächeln vor aus Thränen:
„Du bist", sprach ich, „ein Band, das uns umschlingt,
So weit besonnte deutsche Gau'n sich dehnen!
Du großer Geist, dem heute Jubel klingt,
Beflügelst und erstarkest unser Sehnen —:
Noch viele solcher hohen, heil'gen Bande,
Und Einigkeit erblüht dem Vaterlande!"

Ich schleudre meine Harfe hin.

April 1860.

Verdrossen ist und trüb mein Sinn,
Mir pocht das Herz, das unruhvolle;
Ich schleudre meine Harfe hin,
Gestützt das Haupt, und groll' und grolle.

Und was es ist, das mich bedrückt? —
Es rüstet sich die Welt zum Kampfe,
Und doch ist Deutschland noch zerstückt,
Daß es der Feind, wie einst, zerstampfe.

O dieser Noth! O dieser Schmach!
Und nutzlos alles Warnen, Rufen!
Sie werden wach, wenn wild und jach
Der Feind herbraus't auf schnellen Hufen;

Sie werden wach, wenn auf das Dach
Den Hahn er ihnen setzt, den rothen;
Wach werden sie, sie werden wach,
Zermalmt die Faust sie des Despoten!

So lange hadern sie voll Neid,
Die Hüter, die wir Deutschen haben.
Wie ist es? flattern noch zur Zeit
Um den Kyffhäuserberg die Raben?

Herauf, herauf aus deiner Gruft
Mit deinen heiligen Symbolen,
Du Deutschlands Einheit! Warnend ruft
Das Schicksal dir des armen Polen!

Was nütz' ich denn? — — Thor, der ich bin!
Vergaß, daß ich nicht singen wolle. —
Ich schleudre meine Harfe hin,
Stütze das Haupt und groll' und grolle.

Am achtzehnten October 1863.

Sprich, Herz, was soll bedeuten
Dies helle Glockenläuten,
Das festlich ohn' Ermüden
Durchhallt das deutsche Land?
Welch Klingen und welch Singen
Rauscht mit gewalt'gen Schwingen
Fern von der Alp im Süden
Bis an der Nordsee Strand?

In frohem Ungestüme
Sing' mit, o Herz, und rühme,
Was ruhmvoll, vielbesungen
Uns dieser Tag gebracht,
Der strahlenreich und heiter
Für Deutschland, wie kein zweiter,
Sich leuchtend aufgeschwungen
Einst aus der Trübsal Nacht!

Ob rings der Herbst auch mahne:
Auf Leipzigs blut'gem Plane
Begann ein Frühlingsglühen
Mit ihm in Ost und West!
Dem deutschen Völkerlenze
Wob er die reichsten Kränze,
Ließ lichte Feuer sprühen
Zum schönsten Osterfest.

Das war ein Auferstehen!
Die Morgenlüfte wehen
Nach fünfzig Jahren heute
Noch frisch um unsre Brust!
Wie scholl von allen Zweigen
Der Freiheitslieder Reigen,
Rief Deutschland, das erneute,
Zu kühner Werdelust!

Und dies, dies soll bedeuten
Das helle Glockenläuten,
Das heut' nicht will verhallen
Rings in den deutschen Gaun:
Es ist in unsern Landen
Auf's Neue auferstanden
Der alte Geist in Allen,
Die diese Ostern schaun.

Der deutsche Geist, der Leue,
Regt mächtig sich auf's Neue
Und fordert seine Rechte,
Die ewig unverjährt!
Der einst in Leipzigs Tagen
Den Siegreichsten geschlagen,
O glaubt nicht, der umflechte
Mit Rosen jetzt sein Schwert!

Hallt nur, ihr deutschen Glocken,
Mit jubelndem Frohlocken
Und kündet's an der Seine
Und an der Themse Strand:
Der Leu droht mit der Pranke,
Drum Achtung, stolzer Franke,
Du Brite dort und Däne,
Deutschland hält Jedem Stand!

In der Neujahrsnacht 1864.

Der Dichter steht am Meer der Zeit
Und schaut verklärt und unverwandt,
Die Seele kühn und weltenweit,
Auf's Wogenspiel hinaus vom Strand.
   Und wie die Wellen rauschen,
   Da muß er ihnen lauschen,
   Da regt sich Herz und Hand;
   Und in der Harfe Saiten
   Greift er mit Macht, mit Macht,
   Daß hell die Töne gleiten
   Hin durch die stille Nacht.

Er kündet, was sein Ohr vernimmt,
Singt, was sein spähend Auge sieht,
Und was die Zukunft hat bestimmt,
Ahnt schon sein weihevolles Lied.
  Die Jahre ziehn gleich Schwänen
  Vorbei in leichten Kähnen —
  Dies kömmt, wenn jenes schied;
  Er grüßt, die gehn, die kommen
  In ew'gem Wechselgang —
  So haben sie vernommen
  Den hallenden Gesang:

„Aeonen stehn vor meinem Blick,
Der Sterne Heer, der Sonne Ball!
Ich seh' das göttliche Geschick
Allwaltend schreiten durch das All;
  Ich seh' der Völker Reigen,
  Des einen stolzes Steigen,
  Des andern jähen Fall,
  Die Hütten, die Paläste,
  Den Reichthum und die Noth,
  Das Schlechteste, das Beste,
  Das Leben und den Tod!

„Doch nicht zum Horizonte fern:
Nach dir mein Aug', o Schifflein, schweift,
Das unter einem guten Stern
Dem Strande nah vorüberstreift.
    Du führst das Jahr, das scheidet.
    In hehre Pracht gekleidet,
    Vom Kranz die Stirn umreift:
    Am Steuer steht entschlossen
    Also das schöne Weib,
    Von Hoheit ist umflossen
    Der königliche Leib.

„Sie streute reicher Gaben viel
Allüberall, wohin sie kam,
Und scheuchte mild mit Saitenspiel
So manchen finstern Seelengram;
    Schlug sie auch Einem Wunden,
    Ließ Andre sie gesunden,
    Mehr gebend, als sie nahm.
    Der Sänger dankt's inbrünstig
    Der gnadenvollen Hand:
    Ihm warf sie, minnegünstig,
    Ein Röslein an den Strand.

„Sie hauchte helle Flammengluth
In jedes deutschen Mannes Brust
Und rief ihm zu: „„Hab' frohen Muth
Und sei dir deines Ziels bewußt!"‟
   Da scholl's wie Sturmesbrausen!
   Den Schlechten war's ein Grausen,
   Doch Guten wahre Lust!
   Wohl scheidet nun die Hohe,
   Doch, die sie angefacht,
   Brennt fort, die heil'ge Lohe,
   Und macht zum Tag die Nacht.

„Du altes Jahr, in deinem Kahn
Zieh' nur hinweg auf's Meer der Zeit!
Wir danken dir, was du gethan,
Gabst du uns Lust, gabst du uns Leid.
   Schon kommt auf dunkeln Wogen
   Das neue Jahr gezogen
   In Jugendherrlichkeit;
   Es trägt an schlanker Hüfte
   Ein Schwert die Königin,
   Lang flattern durch die Lüfte
   Die wilden Locken hin.

„Ihr Aug' ist streng, die Wange bleich,
Und jedes Lächeln scheint verbannt,
Doch sieh, es winkt ein Lorberzweig
Dem deutschen Volk in ihrer Hand.
      Und hoch ob ihrem Kahne
      Wallt mächtig eine Fahne,
      Die lieb und wohlbekannt;
      Sie zeigt auf diese Farben
      Und ruft mit edler Gluth:
      „„Was Andre einst verdarben,
      Ich mach' es wieder gut!““

„Mach's wahr! Mach's wahr, du neues Jahr,
Dann sollst du sein gebenedeit,
Gebenedeit auf immerdar,
Gebenedeit in Ewigkeit!
      Gieb — kann es sein — den Frieden,
      Doch wär's nicht so beschieden,
      Dann ist auch gut der Streit!
      Wir sind zum Kampfe fertig
      Für Freiheit und für Recht,
      Des Richterspruchs gewärtig
      Vom künftigen Geschlecht!"

———   ———

Der böse Knoten.

1864.

Nach Einheit ruft ihr und nach Einigkeit?
Ihr habt sie schon um eine Kleinigkeit.

Wie Ein Mann schaart um Eine Fahne euch,
Daß sie den Pfad zur Einheit bahne euch.

Das aber ist der böse Knoten nur,
Von Jedem wird: „Mir nach!" geboten nur.

So ernten wir, wie sonst, jetzunder Hohn
Und sehn deß unser blaues Wunder schon.

Alsen.

29. Juni 1864.

He, preußische Jungen,
So ist's euch gelungen,
Ihr habt sie errungen,
Die Perle des Meer's!
Zum Trotz nun dem Norden
Pflanzt auf an den Borden,
Die unser geworden,
Das Banner des Heer's!

Trotz Bomb' und Granaten
Fahrt so ihr, Soldaten,
Mit Schwimmen und Waten
Selbst Meere hindurch!
Seid dreifach gepriesen,
Ihr habt es bewiesen
In Tagen gleich diesen:
Euch steht keine Burg!

Ihr stürmet verwegen
Den Feinden entgegen
Trotz feurigem Regen,
Trotz Wasser und Wall,
Trotz Hitze, trotz Kälte
Hin über die Belte,
Als ob's nur so gälte
Zu stürmen das All!

Hoch Deutschland, das ganze!
Euch aber im Glanze
Des Sieges zum Kranze
Den Lorber um's Haupt!
Mag's einst auch gelingen,
Den Feind zu bezwingen,
Der Elsaß, Lothringen
Uns schmachvoll geraubt!

Ganz Deutschland, so sei es!
Ein einiges, freies!
Herr Gott, o verleih' es!
Wohl werd' ich's nicht seh'n;
Doch ahn' ich das Grauen
Des Morgens! Im Thauen
Die Rosen der Auen,
Die blut'gen, schon steh'n!

Bremens Gruß an die Gäste zum zweiten deutschen Bundesschießen.

1865.

Deutsche Brüder, deutsche Brüder
In der blanken Waffen Wehr,
Von den Alpen steigt hernieder,
Eilet zu uns über's Meer!
Deutsche Brüder ihr vom Rheine,
Von der Oder und vom Belt,
Stimmt mit an das Lied, das eine:
Deutschland gegen eine Welt!

Deutsche Gäste, deutsche Gäste,
Zieht zu unsern Thoren ein!
Heut' zum frohen Friedensfeste
Hochwillkommen sollt ihr sein;
Doch ein einziger Gedanke
Uns die Herzen alle schwellt —
Wenn es sein muß, Russ' und Franke:
Deutschland gegen eine Welt!

Deutsche Mannen, deutsche Mannen,
Einst wird kommen noch der Tag,
Wo's im Ernst gilt Büchsen spannen,
Zeigen, was ein Volk vermag!
Wohl ist unser Reich zerspalten,
Aber jede Macht zerschellt,
Wenn wir treu zusammenhalten:
Deutschland gegen eine Welt!

Deutsche Schützen, deutsche Schützen,
Heute gilt's nur Scherz und Spiel,
Doch das Vaterland zu schützen
Ist und bleibt das letzte Ziel.
Die ihr aus den fernsten Fernen
Euch zusammen hier gesellt,
Laßt es klingen zu den Sternen:
Deutschland gegen eine Welt!

Die große Zeit.

1866.

Luft! Endlich Luft! Dank dir, du Herr der Gnaden!
Dank, daß dein Feuerstrahl herniederfährt!
Der Sturm bricht los! Es sei! Was kann er schaden?
Wir haben lang' des frischen Hauch's entbehrt.
Es war so schwül! Es war, ach, so beklommen,
Und keine freie Regung weit und breit!
Die große Zeit ist endlich nun gekommen —
Für unser Deutschland war es hohe Zeit.

Des ew'gen Zanks, der ewigen Partheiung
Ist es für uns doch längst mehr als genug.
War's nicht der Stämme klägliche Entzweiung,
Die unserm Volk die ärgsten Wunden schlug?
Die Fahne hoch! Das Schwert zur Hand genommen
Die ihr den Weg uns sperrt: Beiseit! Beiseit!
Die große Zeit ist endlich nun gekommen,
Für unser Deutschland war es hohe Zeit.

18

Denn seht ihr nicht die Feinde boshaft lauern?
Der Tiger wetzt die scharfen Krallen schon.
Wir sind ihm Beute — lauge wird's nicht dauern —
Er sieht auf uns mit Mitleid fast, mit Hohn.
Der Hader schweige! Einheit nur kann frommen;
O, tausendfach flucht der Uneinigkeit!
Die große Zeit ist endlich nun gekommen,
Für unser Deutschland ist es hohe Zeit.

Entladet euch, ihr grausen Ungewitter!
Schallt, Donner! Züngle nieder, fahler Blitz!
Im Sturme fährt einher der rechte Ritter,
Der Erbe ist's von Preußens altem Fritz.
Bald wird der Morgen herrlich sein erglommen,
Dann jubeln wir, vom bangen Traum befreit:
Die große Zeit ist endlich nun gekommen,
Gesegnet sei, gesegnet, große Zeit!

Deutscher Frauen Scheidegruß
mit Blumen
an die Mitglieder der zweiten deutschen Nordfahrt.
15. Juni 1869.

I. An die „Germania".

Als letzten Gruß von deutschen Frauen
Nehmt diesen duft'gen Blumenstrauß,
Ihr Helden, die aus deutschen Gauen
Thatdurst'gen Sinn's Ihr zieht hinaus;
Denn kündet auch von Eurem Ruhme
Der Meereswoge lauter Schall,
Am Nordpol blüht Euch keine Blume,
Singt keine deutsche Nachtigall.
Durch's Brausen der schäumenden Fluthen, so hohl,
Durch's Schweigen des Todes am eisigen Pol
Ertön' es Euch immerdar lieblich: „Fahrt wohl!"

Die Stämme, die sich hadernd trennten,
So nah verwandt und doch so feind,
Zum Kampfe mit den Elementen,
Zum Wettkampf sind sie hier vereint.
Ihr von des deutschen Südens Almen,
Ihr von der Nord= und Ostsee Strand,
Hier ringt Ihr nach den höchsten Palmen
Im schönen Bunde Hand in Hand.
Durch's Brausen der schäumenden Fluthen, so hohl,
Durchs Schweigen des Todes am eisigen Pol
Ertön' es Euch immerdar lieblich: „Fahrt wohl!"

Zeigt denn der Welt, was Muth, was Kraft
Mit deutschem Geist vereint bezwingt,
Daß Ihr im Dienst der Wissenschaft
Den herrlichsten Triumph erringt!
Als letzten Gruß von deutschen Frauen
Den Strauß voll Duft und Farbenglanz!
Kehrt Ihr aus Nacht und Wintergrauen,
Schmückt Eure Stirn ein Siegeskranz!
Durch's Brausen der schäumenden Fluthen, so hohl,
Durch's Schweigen des Todes am eisigen Pol
Ertön' es Euch immerdar lieblich: „Fahrt wohl!"

II.   An die „Hansa".

Vom Hochthal der Alp bis zum schäumenden Belt
Erblüht nun die deutsche, die heimische Welt,
Da liegt sie, gesegnet, ein Garten des Herrn,
Kein schönerer pranget auf unserm Stern.

Und dennoch, Ihr Männer so kühn und so keck,
Und dennoch drängt Ungeduld nun Euch hinweg,
Ihr scheidet vom blühenden, heimischen Strand,
Zum eisigen Pol sind die Blicke gewandt.

Sonst trieb es die Helden der Deutschen gen Süd,
Wo die Myrthe grünt, die Orange glüht;
Sie lockte der Lorber, die Krone von Gold,
Und wahrlich! das Glück war den Muth'gen oft hold!

Ihr aber wollt hin, wo das Leben erstarrt,
Wo Euer Gefahr und Entsagung nur harrt;
Da blüht keine Blume, da lockt keine Frucht,
Nach Kronen und Thronen umsonst Ihr dort sucht.

Doch lockt Euch ein höher, ein herrlicher Ziel,
Um das Euch all Andres dünkt eiteles Spiel:
Im Dienste des Geistes wagt kühn Ihr den Gang,
Zu erringen den Preis, den noch Keiner errang.

So zieht denn, Ihr Helden, hinaus in die See
Zu ewigen Feldern von Eis und Schnee
Und nehmt vom geliebten, vom heimischen Strand
Zum Gruße den Strauß, den Bewundrung Euch wand.

Germanisches Weib hat den Muth stets geehrt,
Hielt herrlichen Lohnes den Tapfern stets werth:
Wir weih'n mit den Blumen zu Sieg Euch und Glück —
Fahrt wohl denn, fahrt wohl! und kehrt froh einst zurück!

König Wilhelms Jagd.

1870.

Fort ging es bei Tage, fort ging es bei Nacht,
Es war eine wilde, entsetzliche Jagd!
In endlosen Reihen das Heer und der Troß
Mit dem „letzten Hauch von Mann und Roß".

Die deutschen Schaaren sind hier auf der Pirsch,
Doch gilt's nicht dem stattlichen, edlen Hirsch,
Halloh! blutgierigem Raubthier es gilt!
Halloh! sie sind auf der Spur dem Wild!

Von Weißenburg, Wörth, von Spichern bis Metz,
Das war für den Wolf eine schreckliche Hetz;
Gravelotte, das machte ihn waidewund,
Da floh er in den Ardennengrund.

Und König Wilhelm, der greise Held,
Er hat bei Sedan ihn endlich gestellt —
Auf allen Höhen das deutsche Heer:
Ha, corsischer Wolf, du entkommst nicht mehr!

Die tausend Kanonen, wie brüllen sie!
Die Jäger waten im Blut bis an's Knie!
Kein Tag je wieder wie dieser erscheint:
Zermalmt und gefangen der grimmige Feind!

Er hätte so gern euer Blut geschlürft!
Triumphiret! Frohlocket! Ihr dürst es, ihr dürst!
Den Deutschen das Herz im Leibe lacht,
Wenn sie singen von König Wilhelms Jagd.

Druck von Carl Schünemann.